預貯金への マイナンバー付番

知っておきたい
基礎から問合せ対応まで

野村総合研究所未来創発センター制度戦略研究室長
梅屋 真一郎 著

ビジネス教育出版社

はじめに

　マイナンバー制度がスタートして、2年になろうとしています。すべての住民それぞれに12桁のマイナンバーが通知されることから始まり、それを勤務先へ届け出たり、確定申告の際に記入するなど、暮らしのさまざまなシーンで少しずつマイナンバーが使われ始めています。

　金融の分野においても、投資信託口座や海外送金等の事務で、制度スタート時からマイナンバーの付番が行われているのは周知のとおりです。実際、皆さんの中には投資信託口座の開設申し込みに来られたお客様からマイナンバーを届け出ていただいたり、投資信託口座をお持ちのお客様にマイナンバーの届出をお願いするといった経験をされた方も少なくないと思います。その際、お客様とのやり取りの中で、なかなか制度の趣旨を理解していただけなく、対応に苦慮された経験をお持ちの方もいらっしゃるのではないでしょうか。

　こうした経験のある方はもちろんですが、ご自身のマイナンバーを届け出た経験がある方なら誰もが、従来の個人情報以上にマイナンバーと特定個人情報の取り扱いには厳格なルールや手順が適用されることを理解されていると思います。つまり、マイナンバーの取り扱いはきわめてセンシティブであり、お客様対応を間違える、あるいは杜撰な取り扱い・管理手順により重大な事故を引き起こすと極めて厳しい社会的制裁を受けることになるのです。

　そういう中で、いよいよ2018年1月からは預貯金口座へのマイナンバーの付番がスタートします。預貯金は投資信託口座や海外送金とは比較にならないほど対象となる口座数が多く、関係する部署や職員も確実に増大します。

　しかも、預貯金への付番を盛り込んだ改正番号法では「当面の間は任意での付番とするが、付番状況によっては将来的に義務化も検討する」としているため、お客様にどのように説明するべきなのか、頭を抱えている関係者も少なくないと思います。つまり、任意であることを説明したうえで、届け出る意思のあるお客様に対してのみ手続を行うことになるわけですが、まずは届出時に行う番号確認と本人確認の内容、用意してもらう書類等に関して説明する必要があります。また、事務手順や管理規程、管理システム等についても再整備する必要があるだけに、預貯金付番に関してまとまった情報を期待する声も少なくないようです。

　しかし、残念ながら現状では、預貯金へのマイナンバー付番に関して公開されている情報は必ずしも多くはありません。そのため、筆者のもとには「どのような事

務手順を設計すればよいのか」「どのような窓口対応をすればよいのか」「どんな事前準備が必要なのか」といった問合せが多くの関係者の方から寄せられています。

　そこで、本書では、公開されている各種情報と政府をはじめ関係機関により議論されている情報をもとに、本部担当者や営業店の責任者・担当者がそれぞれどのような事務対応を行うべきかをQ&A形式により具体的に解説しています。また、預貯金という性格上、必ずしも金融に詳しくないお客様から多くの問合せが寄せられる可能性が高いので、想定されるお客様からの問合せとその対応についてもできるだけ具体的に解説しています。

　預貯金の情報がマイナンバーの対象になることによって、今まで以上にマイナンバーが身近な存在になり、かつ重要なツールになるのは間違いありません。本書が、マイナンバーの普及と利用拡大の一助になれば幸いです。

　なお、執筆に当たり参考にした情報は2017年9月時点の情報であることを附記させていただきます。

　2017年9月

梅屋　真一郎

目　次

はじめに

第1部
知っておきたい預貯金のマイナンバー対応Q&A

第1章　マイナンバー制度関連　　　3

Q1-1　なぜ預貯金にマイナンバーを付番するのでしょうか。･･････････ 4

Q1-2　預貯金付番に伴い業務にどのような影響が出るのでしょうか。･･････ 7

Q1-3　どのような分野で預貯金に付番したマイナンバーを利用すること
になるのですか。････････････････････････････ 9

Q1-4　税務調査や資力調査、預金保険機構等への手続はどのように変わ
るのですか。･･･････････････････････････････ 12

Q1-5　付番されたマイナンバーをお客様管理などに利用することは可能
ですか。･･････････････････････････････････ 13

Q1-6　預貯金付番に関して、どのような参考資料がありますか。･･････ 15

第2章　マイナンバー手続関連　　　17

Q2-1　預貯金付番のマイナンバー手続はどのように行うのですか。････ 18

Q2-2　投信口座や海外送金の際の手続と何が異なるのですか。････････ 21

Q2-3　お客様が新規口座開設時にマイナンバーの届出を申し出た場合、
どのように対応すればよいのですか。･･････････････････ 22

Q2-4　お客様が既存口座のマイナンバーの届出を申し出た場合、どのよ
うに対応すればよいのですか。････････････････････ 24

Q2-5　渉外時にマイナンバーの届出をお客様が申し出た場合、どのよう
に対応すればよいですか。････････････････････････ 26

i

Q2-6	マイナンバーの届出に来たお客様が必要な書類を忘れた場合、どのような対応をすればよいですか。 · 29
Q2-7	法人名義口座も付番の適用対象ですか。 · · · · · · · · · · · · · · · · · · · 32
Q2-8	マイナンバーの届出を行わなくても預貯金口座に登録されることはありますか。 · 34
Q2-9	すでに投信口座でマイナンバーを届け出たお客様の届出は必要ですか。 · 36
Q2-10	すでに海外送金でマイナンバーを届け出ているお客様のマイナンバーの届出は必要ですか。 · 38

第3章　お客様対応　　　　　39

Q3-1	お客様に「なぜ預貯金口座にマイナンバーの届出が必要なのか」と聞かれた場合、どのように対応すればよいですか。 · · · · · · · · · · 40
Q3-2	お客様に「任意での届出とは何か」と聞かれた場合、どのように対応すればよいですか。 · 41
Q3-3	お客様に「届出を行わないと何かデメリットがあるのですか」と聞かれた場合、どのように対応すればよいですか。 · · · · · · · · · · · 43
Q3-4	お客様に「マイナンバーの届出を行っていないのに、自分の預金口座に付番されている」と言われた場合、どのように対応すればよいですか。 · 45
Q3-5	お客様に「すでに他の金融機関に届出を行っているので不要では」と言われた場合、どのように対応すればよいですか。 · · · · · · · · · · 47
Q3-6	お客様に「系列金融機関（例：証券会社）に届け出たので不要では」と言われた場合、どのように対応すればよいですか。 · · · · · · · 49
Q3-7	お客様口座の届出住所と通知カードやマイナンバーカードの記載住所が異なる場合、どのように対応すればよいですか。 · · · · · · · · 51

第4章　安 全 管 理　　　　　55

Q4-1	マイナンバーの安全管理において留意すべき点は何ですか。 · · · · · 56

Q4-2	投資信託口座や海外送金のマイナンバー対応と安全管理面での違いはありますか。 ……………………………………………58
Q4-3	渉外時にマイナンバーを取り扱う際の留意点について教えてください。 ………………………………………………………59
Q4-4	お客様のマイナンバーが漏洩した場合、どのように対応すればよいですか。 …………………………………………………61

第5章　管　理　者　　　65

Q5-1	管理者としてどのような点に留意すべきですか。 ……………66
Q5-2	預貯金への付番対応において、管理者として留意すべき点は何ですか。 ………………………………………………………68
Q5-3	支店・営業所の職員に対して、どのような注意喚起が必要ですか。 ………………………………………………………………70
Q5-4	マイナンバーの取り扱いに資格は必要ですか。 ……………71

第6章　広　　　報　　　73

Q6-1	預貯金付番に関して、どのような広報が考えられますか。 ……74
Q6-2	既存預貯金の付番について、どのような広報が望まれますか。 …76
Q6-3	投信のお客様に対して、どのような広報をすればよいですか。 …77
Q6-4	預貯金付番に関して、今後どのような制度改正が予定されていますか。 ………………………………………………………79

第2部
お客様からよくある問合せQ&A

第1章　マイナンバー制度全般　　　83

Q1-1	そもそもマイナンバー制度って何ですか。 …………………84
Q1-2	なぜ預貯金もマイナンバー制度の対象になったのですか。 ……87

Q1-3	マイナンバーはどのような分野で利用するのですか。・・・・・・・・89
Q1-4	マイナンバーとマイナンバーカードの違いは何ですか。・・・・・・・・90
Q1-5	マイナンバーカードがないと手続はできないのですか。・・・・・・・・92
Q1-6	今後、どのような分野がマイナンバー制度の対象になる予定ですか。・・・95
Q1-7	マイナンバーによってどのような分野で利便性が高まるのですか。・・98
Q1-8	マイナポータルって何ですか。・・・・・・・・・・・・・・・・・・・・・100
Q1-9	預貯金付番は当面任意ということですが、今後も任意のままですか。・・・102
Q1-10	マイナンバーが漏洩しないか心配です。・・・・・・・・・・・・・・・103
Q1-11	金融機関はどのような分野でマイナンバーを利用するのですか。・・105
Q1-12	法人も番号を届け出ることになるのですか。・・・・・・・・・・・・・107
Q1-13	法人の場合もマイナンバーの届出は任意ですか。・・・・・・・・・・・109

第2章	マイナンバー手続関連	111

Q2-1	マイナンバーの届出に際し、どのような手続が必要ですか。・・・・112
Q2-2	マイナンバーの手続に必要な書類は何ですか。・・・・・・・・・・・・114
Q2-3	法人名義の口座にもマイナンバーの届出は必要ですか。・・・・・・117
Q2-4	法人名義口座に対する届出手続はどのようになりますか。・・・・・・119
Q2-5	通知カード・マイナンバーカードを忘れたお客様への対応について。・・・122
Q2-6	マイナンバーを届け出たくないお客様への対応について。・・・・・・124
Q2-7	マイナンバー（個人番号）を変更したお客様への対応について。・・125
Q2-8	金融機関ではマイナンバーをどのように管理しているのですか。・・127
Q2-9	金融機関がマイナンバーを漏洩した場合、どのように対応するのですか。・・129
Q2-10	行員がマイナンバーと金融情報を漏洩しないか心配です。・・・・・・・131

目　次

第3章　預貯金付番に伴う手続関連　　133

Q3-1　マイナンバーの提供を拒否すると、どのようなデメリットがありますか。‥‥‥‥‥‥‥‥‥‥‥‥‥‥‥‥‥‥‥‥‥134

Q3-2　預貯金口座付番の届出を行わなければ、預貯金口座にマイナンバーが付番されることはないのですか。‥‥‥‥‥‥‥‥‥‥‥‥136

Q3-3　預貯金口座に届け出たマイナンバーは、どのような目的で利用されるのですか。‥‥‥‥‥‥‥‥‥‥‥‥‥‥‥‥‥‥‥‥‥138

Q3-4　マイナンバーを届け出なければ、税務調査や資力調査等は行われないのですか。‥‥‥‥‥‥‥‥‥‥‥‥‥‥‥‥‥‥‥‥140

Q3-5　投信口座でマイナンバーを届け出ている場合も、改めて預貯金口座に届け出る必要はありますか。‥‥‥‥‥‥‥‥‥‥‥‥‥142

Q3-6　海外送金のためすでにマイナンバーを届け出ている場合も、改めて提供する必要はありますか。‥‥‥‥‥‥‥‥‥‥‥‥‥‥143

Q3-7　届出を行っていないのに、預貯金口座にマイナンバーが付番されているのはなぜですか。‥‥‥‥‥‥‥‥‥‥‥‥‥‥‥‥145

Q3-8　マイナンバーの登録住所によって支店が変更になることはありますか。‥‥‥‥‥‥‥‥‥‥‥‥‥‥‥‥‥‥‥‥‥‥‥146

第4章　お客様から寄せられるその他の質問　　147

Q4-1　銀行口座の情報はすべて中身が筒抜けになるのですか。‥‥‥‥148

Q4-2　金融機関へのマイナンバーの届出を拒否した場合どうなるのですか。‥‥‥‥‥‥‥‥‥‥‥‥‥‥‥‥‥‥‥‥‥‥‥‥150

Q4-3　認知症の親や入院中の親に代わって手続をすることはできますか。‥‥‥‥‥‥‥‥‥‥‥‥‥‥‥‥‥‥‥‥‥‥‥‥‥151

Q4-4　住宅ローン等の借金もマイナンバーで管理するのですか。‥‥‥153

Q4-5　銀行取引において何がマイナンバーの対象になるのですか。‥‥155

Q4-6　マンションの管理組合の口座はどうなるのですか。‥‥‥‥‥157

Q4-7　銀行に届けている住所と現住所が異なる場合の手続について。‥158

Q4-8 マイナンバーを届け出ると他の銀行に口座情報が伝わってしまうのではないでしょうか。‥‥‥‥‥‥‥‥‥‥‥‥‥‥‥‥‥159

Q4-9 マイナンバーを届け出ると税務署に口座の明細まで把握されてしまうのでしょうか。‥‥‥‥‥‥‥‥‥‥‥‥‥‥‥‥‥161

Q4-10 マイナンバーを届け出ると他の銀行や税務署に資産残高を把握されてしまうのではないですか。‥‥‥‥‥‥‥‥‥‥‥‥162

第 **1** 部

知っておきたい
預貯金のマイナンバー対応

Q&A

第1章

マイナンバー制度関連

Q 1-1

なぜ預貯金にマイナンバーを付番するのでしょうか。

■ 制度開始当初、預貯金口座は対象外

そもそもマイナンバー制度は、税・社会保障・災害対策分野に限定して番号を利活用できるとされており、それ以外の分野での利用には厳しい制限がありました。

では、皆さんが普段取り扱っている金融商品はどうかというと、ご存知のとおりほとんどの商品が何らかの形で税制度と関係しています。たとえば、有価証券であれば、譲渡益や配当等の所得に税が課されるため、確定申告や源泉徴収などの手続が必要です。また、生命保険や損害保険等の保険契約、民間個人年金契約も、保険金や年金の受取額が一定額以上の場合、税務署に支払調書を提出して確定申告をする必要があります。このようにほとんどの金融商品が個人単位の税務手続を必要とします。そのため2016年1月から各金融機関の窓口において、届出の対象となる商品を契約しているお客様に対してマイナンバーの届出をお願いしているわけです。

そうした中で、なぜ預貯金だけが対象外とされたのでしょうか。それは、預貯金の場合、税務手続の仕組みが他の金融商品とはまったく異なっているからです。ご存知のとおり預貯金の利子所得については、原則として、その支払を受ける際、利子所得の金額に一律15.315%（他に地方税5%）の税率を乗じて算出した所得税・復興特別所得税が源泉徴収されます。つまり、預貯金の場合、源泉分離課税制度が適用されるため利子所得に関する法定調書を個人単位で提出する必要がないので、制度開始時点において制度の対象外とされたわけです（注：ただし法人名義の定期預金については、一定額以上の利子の支払いを受ける場合に支払調書が作成されるので、法人番号が必要になります）。

■ 預貯金口座も制度の対象とすべきとの議論から法改正へ

前述した理由から、マイナンバー制度に関する法律（番号法）は2013年5月に預貯金を対象外としたまま成立しました。しかし、依然として金融商品の中で大きなウェイトを占める預貯金についても対象とするべきではないかという議論がくすぶり続けました。そのため同年11月、政府税制調査会の中に税制面におけるマイナンバーの利用に関する検討会が設置されることになり、その検討会においても、多くの委員から「預貯金に関しても付番を行うべき」という意見が相次ぎました。

第1章　マイナンバー制度関連

特に「預金保険機構によるペイオフの際、名寄せ等に積極的に活用するべきではないか」、あるいは「医療や介護等の社会保障における資力調査に有効活用するべきではないか」といった単に税制にとどまらない幅広い範囲での利活用を求める意見が多く出されたのです。

こうした議論を受け、急遽検討会において論点整理が行われ、早くも2014年4月に「預貯金付番の制度整備を行うべき」という報告書が提出されました。そして、その報告書を根拠に番号法の改正案[1]が改正個人情報保護法とともに国会に上程され、2015年9月に成立しました。2015年9月ということは、まだマイナンバー制度がスタートする前です。つまり、預貯金を付番の対象にすることは当初から大きな課題としてあり、政府としても強力に推進する姿勢だったことがうかがわれます。

■ 預貯金付番の目的は預金保険機構による名寄せと税務調査や資力調査時の活用

改正番号法（2015年9月成立）における預貯金口座に関する主な内容は、以下のとおりです。

① 2018年1月より預貯金分野でマイナンバーを利用できる。
② 預金者は、銀行等の金融機関からマイナンバーの告知を求められる（あくまでも任意であり、告知義務は課されない）。
③ 預貯金に付番された番号の利用は以下の2つ。
　・社会保障制度の資力調査や国税・地方税の税務調査において、マイナンバーが付された預金情報の提供を金融機関に求めることができる。
　・預金保険機構等でマイナンバーを利用できる。
④ 金融機関は預金情報をマイナンバーにより検索可能な状態で管理しなければならない。

法律で規定されている預貯金付番の利用範囲は上記③の2つであり、それ以外での利用は認められていません。たとえば、取得したマイナンバーに基づいて金融機関がお客様管理を行うことは認められないので注意してください（重い罰則規程があります）。

なお、他の金融商品と異なり、預貯金に関する届出は任意です。これは、預貯金の口座数が他の金融商品と比較して極めて膨大だからだといわれています。つまり、当初からすべての口座にマイナンバーを付番するとなると金融機関側の事務負担が

1　個人情報の保護に関する法律及び行政手続における特定の個人を識別するための番号の利用等に関する法律の一部を改正する法律（平成27年9月9日法律第65号）

5

きわめて重くなること、また口座保有者側への周知徹底と手続事務にかんがみて社会的な混乱を惹起する可能性があること等から任意制にしたのだと思われます。

預貯金付番による新たな利用事務の概要

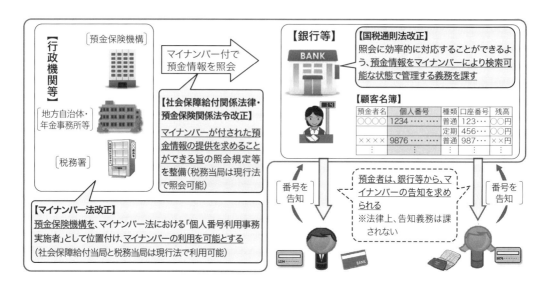

出所：「預貯金付番に係る法整備の概要」財務省資料

第1章　マイナンバー制度関連

Q1-2

預貯金付番に伴い業務にどのような影響が出るのでしょうか。

■ 預貯金口座とマイナンバーを紐付けるシステム整備が必要

　預貯金付番に関する番号法の改正（2015年9月成立）に伴い、国税通則法に新たに次の1条が追加されました。

第74条の13の2　金融機関等（預金保険法（昭和46年法律第34号）第2条第1項各号（定義）に掲げる者及び農水産業協同組合貯金保険法（昭和48年法律第53号）第2条第1項（定義）に規定する農水産業協同組合をいう。）は、政令で定めるところにより、預貯金者等情報（預貯金者等（預金保険法第2条第3項に規定する預金者等及び農水産業協同組合貯金保険法第2条第3項に規定する貯金者等をいう。）の氏名（法人については、名称）及び住所又は居所その他預貯金等（預金保険法第2条第2項に規定する預金等及び農水産業協同組合貯金保険法第2条第二項に規定する貯金等をいう。）の内容に関する事項であって財務省令で定めるものをいう。）を当該預貯金者等の番号（行政手続における特定の個人を識別するための番号の利用等に関する法律（平成25年法律第27号）第2条第5項（定義）に規定する個人番号（第124条第1項（書類提出者の氏名、住所及び番号の記載等）において「個人番号」という。）又は同法第2条第15項に規定する法人番号をいう。第124条第1項において同じ。）により検索することができる状態で管理しなければならない。

　このように、金融機関等に対して預貯金口座の情報をマイナンバー（法人の場合には法人番号）で検索できる状態で管理することが義務付けられました（平成30年1月1日施行）。

　こうした管理をするためには、以下のようなシステム・事務対応が必要になります。

① 　預貯金口座とマイナンバーを紐付ける仕組みの整備。
② 　行政機関等からの照会に対して、マイナンバーによって検索した預貯金情報を提供する仕組みの整備。
③ 　お客様からの提供等により取得したマイナンバーを登録する仕組みの整備。

■ 預貯金に係る事務規程の改定

　上記のシステム・事務対応に加えて、預貯金の取り扱いに係る事務規程も改定す

る必要があります。

具体的には、

① 口座開設時点ないしお客様からの申し出時点で、マイナンバーを登録する事務
② 下記のマイナンバー利用に際しての取扱事務
　　・行政機関からのマイナンバーが付された預金情報の提供依頼
　　・預金保険機構等によるペイオフに係る名寄せ
③ お客様に対して口座にマイナンバーを登録するかどうかを確認する事務

等の規程の見直しが考えられます。

■ 特定個人情報の取り扱いに伴う対応

　個人情報保護法においてマイナンバー及びマイナンバーを含む個人情報は特定個人情報と規定され、きわめて厳格な管理が義務付けられています。つまり、金融機関が預金付番に伴って取得したマイナンバー並びにマイナンバーを含む個人情報についても、特定個人情報として厳格に管理する必要があります。

　すでに投資信託口座等の有価証券を取り扱っている各金融機関においては、特定個人情報の取り扱いに熟知していると思いますが、今後は預貯金付番に伴って取得したマイナンバーについても同様の取り扱いが必要になります。預貯金の場合、対象となるお客様や口座数が投資信託口座等に比べて格段に多いだけに、事前に十分な対応準備をすることをお勧めします。その際、マイナンバーの管理については、従来の預貯金情報と可能な限り分別して管理する仕組みを整備するべきです。

■ お客様への説明

　預貯金付番に関するお客様への説明は、以下の点からできるだけ丁寧に説明するべきです。

① 対象となるお客様数が投資信託口座保有数に比べて格段に多い。
② 預貯金という身近な商品が対象になるため、お客様からの問合せ等が急激に増える可能性が高い。
③ 「付番は任意である」ことについて、十分に説明する必要がある。

　特に預貯金口座の場合、金融知識に詳しくないお客様も少なからずいると思いますので、噛み砕いた説明ができるよう前もって準備することをお勧めします。

Q1-3

どのような分野で預貯金に付番したマイナンバーを利用することになるのですか。

■ 番号法で預貯金に付番されたマイナンバーの利用範囲を規定

　預貯金に付番したマイナンバーの利用範囲については、改正番号法（2015年9月成立）により規定されています。具体的な内容については、内閣府大臣官房番号制度担当室が作成した資料「個人情報の保護に関する法律及び行政手続における特定の個人を識別するための番号の利用等に関する法律の一部を改正する法律案（概要）〈マイナンバー法改正部分〉」（平成27年2月16日）[2]にわかりやすく書かれていますので、参照してください。

　この説明資料によると、預貯金口座へのマイナンバーの付番について、以下のように説明しています。

　① 　預金保険機構等によるペイオフのための預貯金額の合算において、マイナンバーを利用する。
　② 　金融機関に対して社会保障制度に関する資力調査や税務調査を行う際、マイナンバーが付された預金情報を効率的に利用できるようにする。

　つまり、預貯金に付番されたマイナンバーの利用範囲は、この2つの分野に限られており、他の事務で利用することはできないということです。

　① 　預金保険機構等のペイオフでの利用
　預金保険機構等によるペイオフでの利用については、内閣府大臣官房番号制度担当室が作成した資料「次期通常国会で個人情報保護法等と一括改正を予定しているマイナンバー法改正関係について（案）」（平成26年12月19日）[3]の中の「預貯金付番に向けた当面の方針(案)」の中で、以下のように説明しています。実際の対応も、この預貯金付番に向けた当面の方針（案）に沿って行われたようです。

---

2 http://www.kantei.go.jp/jp/singi/it2/senmon_bunka/number/dai8/siryou2.pdf
3 http://www.kantei.go.jp/jp/singi/it2/pd/dai13/siryou3.pdf

第1部　知っておきたい預貯金のマイナンバー対応Q&A

> 　番号法別表第一に、預金保険法又は農水産業協同組合貯金保険法に基づき、預金保険機構又は農水産業協同組合貯金保険機構が行う預貯金口座の名寄せ等にマイナンバーを利用できるよう規定し、預金保険法及び農水産業協同組合貯金保険法の省令において、預金保険機構又は農水産業貯金保険機構が金融機関の破たん時に資料の提出を求めることができる事項にマイナンバー及び法人番号を追加する。これにより、金融機関が個人番号関係事務実施者として預貯金者等に対してマイナンバーの告知を求めることができるようにする。

　つまり、預金保険機構等が行うペイオフ対応において、必要な預貯金口座の名寄せ事務等に番号を利用することができる。また預金保険機構等は金融機関に対してマイナンバーが付された預貯金情報の提供を求めることができるようになるということです。これを金融機関側からみれば、預金保険機構等からマイナンバーを付与したお客様情報の提供を求められることになるので、それを前提にお客様情報を管理する必要があるということになります。

②　行政機関による税務調査や資力調査での利用

　もう1つの行政機関による税務調査や資力調査での利用については、当面の方針（案）の中で「番号法において、社会保障制度の資力調査でマイナンバーを利用できる旨を明らかにし、社会保障制度の資力調査の際、法律で銀行等に報告を求めることができる事項を規定しているものについて、マイナンバーを追加する。」とするとともに、「税務調査でマイナンバーを利用できる旨は規定済み」としています。

　つまり、行政機関が行う社会保障給付に係る資産調査、国税・地方税の税務調査に際し、金融機関に対して番号を示すことで当該番号口座の情報を提供してもらえるということです。これを金融機関側からみれば、社会保障給付に係る資力調査・税務調査において、行政機関から提供された番号を検索し、該当する預貯金口座があればその情報を提供しなければならないということになります。

預貯金付番に向けた当面の方針（案）

> 　預貯金付番については、社会保障制度の所得・資産要件を適正に執行する観点や、適正・公平な税務執行の観点等から、金融機関の預貯金口座をマイナンバーと紐付け、金融機関に対する社会保障の資力調査や税務調査の際にマイナンバーを利用して照会できるようにすることにより、現行法で認められている資力調査や税務調査の実効性を高めるものである。また、預金保険法又は農水産業協同組合貯金保険法の規定に基づき、預貯金口座の名寄せ事務にも、マイナンバーを利用できるようにするものである。

第1章　マイナンバー制度関連

　預貯金付番に必要な法整備は、次期通常国会に提出予定の「高度な情報通信技術の活用の進展に伴う個人情報の保護及び有用性の確保に資するための個人情報の保護に関する法律等の一部を改正する法律案（仮称）」で行う。具体的には、次のとおり法令の手当てを講じる方向で政府内の調整を進める。なお、当面、預貯金者に直接的な義務は課さない。

① 番号法において、社会保障制度の資力調査でマイナンバーを利用できる旨を明らかにし（※対象となる社会保障給付関連法を番号法政令に規定）、社会保障制度の資力調査の際、法律で銀行等に報告を求めることができる事項を規定しているもの（※精査中）について、マイナンバーを追加する。（※税務調査でマイナンバーを利用できる旨は規定済み）

② 国税通則法及び地方税法に金融機関は預貯金口座情報をマイナンバー又は法人番号によって検索できる状態で管理しなければならない旨を規定するとともに、当該規定を番号法第9条第3項に明掲し、金融機関が個人番号関係事務実施者として預貯金者等に対してマイナンバーの告知を求めることができることを明らかにする。

③ 番号法別表第一に、預金保険法又は農水産業協同組合貯金保険法に基づき、預金保険機構又は農水産業協同組合貯金保険機構が行う預貯金口座の名寄せ等にマイナンバーを利用できるよう規定し、預金保険法及び農水産業協同組合貯金保険法の省令において、預金保険機構又は農水産業貯金保険機構が金融機関の破たん時に資料の提出を求めることができる事項にマイナンバー及び法人番号を追加する。これにより、金融機関が個人番号関係事務実施者として預貯金者等に対してマイナンバーの告知を求めることができるようにする。

　円滑な預貯金付番の実施にあたっては、官民を挙げて国民向け広報を展開するとともに、行政機関等においては、口座振替申請書に番号記載欄を設ける、公金振込口座にはすべて付番されるよう取得した番号情報を金融機関に提供するなどの預貯金付番促進支援策について検討を行い、実施可能な施策を積極的に講じることとする。

　金融機関における対応については、新規口座開設者からは口座開設時にお客様の番号を取得できるよう告知の求めを行い、既存口座については、お客様の来店時などに番号告知の求めを行うこととするなどの事務ガイドラインを策定し、進めることとする。

　これらの法令の規定の施行後3年を目途に、金融機関の実務や付番の状況等を踏まえ、既存口座への付番を官民挙げて集中的に進めるための方策につき、法改正も視野に前広な検討を行う。

出所：「次期通常国会で個人情報保護法等と一括改正を予定しているマイナンバー法改正関係について（案）」
　　　http://www.kantei.go.jp/jp/singi/it2/pd/dai13/siryou3.pdf

第1部　知っておきたい預貯金のマイナンバー対応Q&A

Q1-4

税務調査や資力調査、預金保険機構等への手続はどのように変わるのですか。

■ 税務調査や資力調査そのものに大きな変更はない

　税務調査及び資力調査の内容自体に大きな変更はありません。特に税務調査については、従来の番号法においても番号に基づく預貯金情報の提供を行えるよう規定されていましたが、預貯金情報にマイナンバーを紐付ける規定がなかったため、実際にはマイナンバーに基づく預貯金情報の提供は行われていませんでした。

　そういう意味では、あくまでも今回の改正は、

- ・預貯金情報にマイナンバーを紐付ける。
- ・マイナンバーをキーに預貯金情報の提供を行う。

というマイナンバー対応に関する改正であり、税務調査及び資力調査の対象範囲や手順が大幅に変更されるわけではありません。

■ マイナンバーで効率的に検索・利用できるようにあらかじめ準備が必要

　ただその一方で、預貯金付番に関する番号法の改正（2015年9月成立）に合わせて国税通則法も改正されています。この改正により、税務調査及び資力調査の照会対応が効率的に行われるよう、金融機関に対してマイナンバーによる預貯金情報の検索を可能にする状態で管理することが義務付けられました。

　つまり、2018年1月から始まる預貯金の付番に合わせて、金融機関は預貯金情報の検索が可能な管理・システムを整備しなければいけないわけです。また、番号による照会を行うことから、システム等についても番号による検索機能を追加することが求められます。

第1章　マイナンバー制度関連

Q1-5

付番されたマイナンバーをお客様管理などに利用することは可能ですか。

■ 番号法により利用範囲を限定

前述したように、預貯金に付番されたマイナンバーの利用範囲は、改正番号法により下記の2つに限定されています。

① 預金保険機構等によるペイオフのための預貯金額の合算において、マイナンバーを利用する。

② 金融機関に対して社会保障制度に関する資力調査や税務調査を行う際、マイナンバーが付された預金情報を効率的に利用できるようにする。

ただし、マイナンバーは税・社会保障以外に災害対策での利用も可能なので、たとえば番号法第9条第4項により、大規模災害時における金融資産の支払に際してマイナンバーを利用することができます。

具体的には、内閣官房番号制度推進室の作成した「マイナンバー法の逐条解説」[4]に、以下のように記載されています。

> 災害が発生した場合に限り、被災者の預金等の金融資産の引出しや生命保険、損害保険及びそれに類する共済の保険金等の支払を円滑に行うため、税務署に提出する支払調書に記載するため等の目的で預金取扱金融機関、証券会社、生命保険会社、損害保険会社、共済が保有する個人番号をお客様検索のキーとして利用することを認める。

つまり、改正番号法で規定している上記2つ以外に、災害時においても利用できることに注意してください。

■ 特定個人情報であるマイナンバーの目的外利用は認められない

預貯金に付番されたマイナンバーについては、上記の3つの利用方法以外は番号法で認められていません。ご存知のとおり、特定個人情報であるマイナンバーの目

---

4 http://www.cao.go.jp/bangouseido/pdf/chikujou.pdf

的外利用は厳格に禁止されていますので、この点をしっかりと理解し、決して目的外で利用しないよう注意してください。

　もちろん金融機関だけでなく行政機関であっても、預貯金に付番されたマイナンバーを他の目的で利用することは禁止されています。つまり、行政機関であっても無制約に預貯金情報等を取得できるわけではないということもあわせて理解しておいてください。

■マイナンバーを自行のお客様管理等で利用するのは目的外利用で法律違反

　今後マイナンバーと預貯金情報を紐付けて管理することになるため、これを利用して、たとえば金融機関が自行のお客様管理などに利用したいと考えるかも知れません。しかし、それはもちろん目的外利用に当たるので、法律違反となります。ほかにもマイナンバーを検索キーにして営業目的等で預貯金情報を検索したり、他のマーケティング情報と紐付ける等の行為もすべて法律違反になるので十分注意してください。

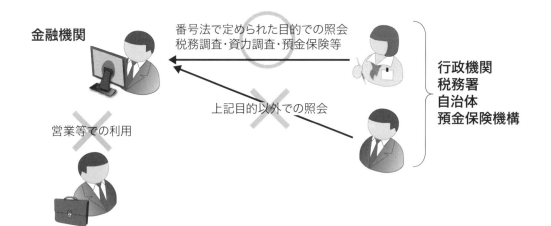

第1章　マイナンバー制度関連

Q1-6

預貯金付番に関して、どのような参考資料がありますか。

■ 預貯金付番に関してまとめた資料は必ずしも多くはない

　預貯金付番に関する公表資料は必ずしも多くはありません。その理由として、①すでにマイナンバー制度はスタートしており、取り扱いにかかる安全管理措置等についても詳細な情報が存在すること、②預貯金付番による影響は銀行等の金融機関に限定されること、③すでに金融機関において投資信託口座等でマイナンバーを取り扱っていること、等が考えられます。

　主な参考資料を挙げると、以下のとおりです。

(1)　法および制度について

　改正番号法については、内閣官房番号制度推進室のホームページに法令が掲載されています。

http://www.cao.go.jp/bangouseido/law/revision.html

　このページにある「改正法第7条による改正後のマイナンバー法（平成30年1月1日施行予定）」が、預貯金付番に係る改正番号法です。

http://www.cao.go.jp/bangouseido/pdf/bangouhou_7jk

　また、改正内容の概要については、以下の各資料が参考になります。

・「次期通常国会で個人情報保護法等と一括改正を予定しているマイナンバー法改正関係について（案）」（平成26年12月19日　内閣府大臣官房番号制度担当室）

http://www.kantei.go.jp/jp/singi/it2/pd/dai13/siryou3.pdf

・「個人情報の保護に関する法律及び行政手続における特定の個人を識別するための番号の利用等に関する法律の一部を改正する法律案（概要）」（平成27年2月16日　内閣府大臣官房番号制度担当室）

http://www.kantei.go.jp/jp/singi/it2/senmon_bunka/number/dai8/siryou2.pdf

(2)　関連する制度対応に関して

残念ながら、公開されている情報は多くありません。

平成26年12月に内閣府大臣官房番号制度担当室が公開した「次期通常国会で個

15

人情報保護法等と一括改正を予定しているマイナンバー法改正関係について（案）」の中に、「預貯金付番に向けた当面の方針（案）」として、当面の制度対応が示されている程度です。ただ現状にかんがみれば、この方針に沿って制度対応が進められていると見て差し支えないと思います。

http://www.kantei.go.jp/jp/singi/it2/pd/dai13/siryou3.pdf

　もう1つ、一般に公開されてはいませんが、全国銀行協会が平成28年6月24日に作成した「預貯金口座付番に係る事務ガイドライン」があるので、これらを参考に各金融機関は制度対応を行うことになります。

　いずれにしても、2018年1月から始まる預貯金口座に対するマイナンバーの届出事務は、すでに行っている金融商品の取り扱いと基本的に同じです。したがって、預貯金固有の手続に関する業務を追加することで対応可能だと思います。

第2章

マイナンバー手続関連

第1部　知っておきたい預貯金のマイナンバー対応Q&A

Q2-1

預貯金付番のマイナンバー手続はどのように行うのですか。

■ 預貯金付番でのマイナンバーの届出は、すでに実施している金融取引における届出手続と同じ

　預貯金口座へのマイナンバー付番の届出手続ですが、すでに各金融機関が行っている下記の金融取引の際の届出手続と何ら違いはありません。

　・投資信託等の有価証券取引口座
　・海外送金関連　等

　というのも、マイナンバーの届出に関するルールは番号法や関連政省令で細かく規定されているからです。換言すれば、利用分野の違いに関わらず厳格なルールに則って手続を行う必要があるということです。

　すでにマイナンバー制度が始まってかなりの時間が経過しているので、多くのお客様が勤務先や税務署等に対して何らかの形でマイナンバーの届出を行っていると思います。そうした状況にかんがみれば、「勤務先や税務署等に対して行った手続と同じなので何ら問題はありません」とお客様に説明することで、特に大きな混乱は生じないと思います。

■ マイナンバーの届出書類の記載と本人確認手続が必要

　とは言え、お客様の中には初めての方もいるでしょうし、すでに手続のやり方を忘れてしまった方もいると思います。そこで、改めてここで手続のやり方を紹介します。

　すでに各金融機関の窓口には、マイナンバーの届出用に準備した専用の届出用紙があると思います。注意しなければいけないのは、その届出用紙にマイナンバーを記入していただくことで手続は完了しない、必ず本人確認(提示されたマイナンバーがお客様本人のものであることを公的書類により確認)を行う必要があるということです。

　この件について、番号法第16条では、次のように規定しています。

> （本人確認の措置）
> 第16条　個人番号利用事務等実施者は、第14条第1項の規定により本人から個人番号の提供を受けるときは、当該提供をする者から個人番号カード若しくは通知カード及び当該通知カードに記載された事項がその者に係るものであることを証するものとして主務省令で定める書類の提示を受けること又はこれらに代わるべきその者が本人であることを確認するための措置として政令で定める措置をとらなければならない。

したがって、もしお客様から「自分の番号は覚えているから、いちいち確認等は不要のはずだ」という申し出があっても、「法律により本人確認をする義務があります」と説明し、必ず本人確認を行ってください。

ここでいう本人確認手続ですが、具体的には番号と身元の2つを確認することになるので、マイナンバーカードを提示していただけば、1枚で確認作業が済みます。したがって、できる限りマイナンバーカードを提示していただけるよう、前もって周知することをお勧めします。

しかし、いまだにマイナンバーカードの取得率が国の予想を下回る状況にあることにかんがみれば、お客様から通知カードまたは番号付き住民票の提示を受けて番号確認を行うケースも少なくないと思います。こうした場合は、身元確認用に原則写真付きの身分証（運転免許証やパスポート）を提示していただく必要があることに注意してください。さらに写真付きの身分証を持っていない場合は、健康保険の被保険者証と年金手帳など、2つ以上の書類の提示が必要になります。

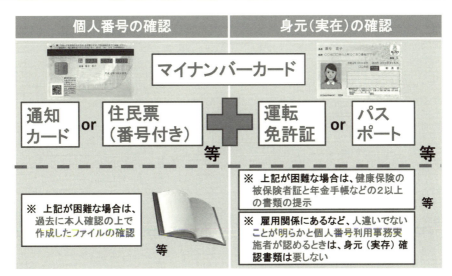

■特定個人情報なので安全管理措置に対する配慮が必要

　預貯金口座へのマイナンバーの届出は特定個人情報に当たるので、安全管理措置に対する配慮が必要です。換言すれば、マイナンバーを含む個人情報は特定個人情報に当たるので、各金融機関において厳格な安全管理措置を講じる必要があるということです。

　すでに各金融機関においては、有価証券口座等で安全管理措置等の対応を行っていると思いますが、預貯金口座の場合、口座数の桁がまったく違います。また金融機関にとっても関係する部署や職員数が大幅に増えることになるので、2018年1月までに万全の体制を整備する必要があります。

第2章　マイナンバー手続関連

Q2-2

投信口座や海外送金の際の手続と何が異なるのですか。

■ 原則的に投信口座や海外送金等の際のマイナンバーの届出手続と同じ

　預貯金口座へのマイナンバーの届出手続は、すでに行われている投資信託口座や海外送金等に関わるマイナンバーの届出手続と同じですが、1点考慮すべき点があります。それは「預貯金口座は従来の対象分野に比べて口座数が非常に多く、影響範囲が大きい」ということです。

　よくマスコミでも取り上げられますが、日本には預貯金口座（定期預金等含む）が10億以上存在しています。今のところ預貯金口座へのマイナンバーの登録は任意ですが、潜在的にはこれだけ膨大な口座がマイナンバー制度の影響を受ける可能性があるということです。

　想定される影響を挙げると、

① 　届出対象となるお客様が非常に多い（実質的に各金融機関のお客様すべて）
② 　従来の対象取引に比べて関係する金融機関担当者の範囲が広い（従来であれば投信担当者等に限定されていたが、預貯金の取扱担当者は幅広い）

等があります。

　特にマイナンバーを含む特定個人情報については、厳格な安全管理措置が要求されるので、改めて営業店等に対して周知徹底を図るべきです。

お客さまにマイナンバー・法人番号の届出をお願いする主な取引

個人のお客様	法人のお客様
●預金（普通・定期・当座預金など） ●投資信託・公共債など証券取引全般 　（NISA口座・特定口座の開設も対象） ●外国送金（支払い・受け取り）など ●信託取引（金銭信託など） 　　　　　　　　　　　　　　　　　など	●預金（普通・定期・当座預金など） ●投資信託・公共債など証券取引全般 ●外国送金（支払い・受け取り）など ●信託取引（金銭信託など） 　　　　　　　　　　　　　　　　　など

出所：全国銀行協会

Q2-3

お客様が新規口座開設時にマイナンバーの届出を申し出た場合、どのように対応すればよいのですか。

■ 2018年1月以降、預貯金口座開設時にマイナンバーの届出を依頼

　ご存知のとおり預貯金口座へのマイナンバーの付番は、2018年1月1日より開始されます。これに対して、金融機関はどのような対応をすればよいのでしょうか。たとえば、内閣官房が公表した資料「預貯金付番に向けた当面の方針（案）」（平成26年12月）に、次のような記述があります。

　「金融機関における対応については、新規口座開設者からは口座開設時にお客様の番号を取得できるよう告知の求めを行う。」

　この資料が公表されてからこれまでの間、金融機関の対応について記述した政府の資料は見当たらないので、今のところこの方針に従って預貯金口座開設時にお客様に対してマイナンバーの届出を依頼することになります。ただし、具体的なマイナンバーの届出手順は各金融機関によって異なるので、再度全行的に周知を図る必要があります。たとえば、口座開設申込書に番号記載欄を追加して記載をお願いする、あるいは別途番号のみを記載した届出書に記載をお願いするといった方法が想定されます。いずれにしても、口座開設時はお客様に必要な手続やサービス等を詳しく説明できる機会ですので、丁寧な説明を心がけましょう。

■ マイナンバーの届出は任意であり、希望しない場合は手続をする必要はない

　すでに述べたとおり、預貯金へのマイナンバーの届出はあくまでもお客様からの申し出によるもので任意の届出となります。したがって、口座開設時にマイナンバーの届出を依頼するに当たって、その旨をお客様にしっかりお伝えする必要があります。

　具体的には、

・預貯金付番が開始されたこと
・あくまでも任意での届出であること
・預貯金付番の意義と目的
・お客様が提供したマイナンバーは、預金保険法の規定に基づく名寄せや資力調

査、税務調査等、法律で定められた分野（災害分野を含む）でのみ利用することとなっており、金融機関や行政機関による目的外利用はできないこと

等をお伝えすることが重要です。

■ マイナンバーの届出に際して、本人確認は不可欠

　新規口座開設時にお客様にマイナンバーの届出を行っていただく際、当該番号が本当に本人の番号なのかを確認する本人確認手続はマスト（義務）です。Q2-1で解説したとおり、最も簡単なのがマイナンバーカードによる本人確認で、これであれば1枚で事足ります。

　一方、通知カードの場合は原則写真付き身分証（運転免許証やパスポート等）による身元確認が必要になります。実は、この写真付き身分証による身元確認の手続が、従前の「犯罪による収益の移転防止に関する法律」（以下、犯収法）による本人確認の手続と、対象となる身分証等に違いがありました。ただ、それも平成28年10月1日に施行された改正犯収法により、顔写真のない本人確認書類の提示の際には2つ以上の書類の提示を行う等、手続における犯収法と番号法の差は原則なくなったので、必要な書類が異なるといった混乱は防げるはずです。

　ここで注意していただきたいのは、番号法に合わせる形で犯収法を改正したので、従前の書類では不備になるケースがあるということです。たとえば、犯収法では顔写真のない本人確認書類を提示する際、お客様に対して取引に係る書類等を転送不要郵便物等で郵送するといった方法により、1つの書類のみで確認することも可能でしたが、番号法では認められませんので注意が必要です。

改正犯収法による本人確認の変更点

平成28年10月1日からの主な変更点

1 顔写真の無い本人確認書類（健康保険証、年金手帳等）を金融機関に提示する場合、以下の確認が追加されます。

⇒ 当該本人確認書類の提示 ＋ 別の本人確認書類（住民票の写し等）の提示、または現住居の記載がある公共料金の領収書等の提示など

出所：金融庁

第1部　知っておきたい預貯金のマイナンバー対応Q&A

Q2-4

お客様が既存口座のマイナンバーの届出を申し出た場合、どのように対応すればよいのですか。

■あらかじめ制度に関して説明することが望ましい

そもそも新規口座開設のお客様と異なり、既存口座のお客様に番号の提供をお願いするのは、簡単ではありません。まずはお客様に預貯金付番が開始されることを知っていただく活動から始めるべきです。今後、政府や関連団体等においても、預貯金付番の目的と意義、制度の概要等について、積極的に広報活動を行っていくと思います。それにあわせ金融機関としても、店頭でのポスターの掲示、リーフレットの配置、さらにはお客様に対する郵送物等へのチラシの同梱等を行うことで、預貯金口座へのマイナンバーの届出を働きかけるべきです。

その際、新規口座開設時と同様に、

・預貯金付番が開始されたこと
・あくまでも任意の届出であること
・預貯金付番の意義と目的
・お客様が提供したマイナンバーは、預金保険法の規定に基づく名寄せや資力調査、税務調査等、法律で定められた分野（災害分野）でのみ利用することとなっており、金融機関や行政機関による目的外利用はできないこと

等をお伝えすることが重要です。

その上で、マイナンバーの届出を希望するお客様には、届出書にマイナンバーを記載していただきます。また、届出書をお客様宛に郵送し、マイナンバーを記載した届出書と本人確認に必要な書類のコピーを返送いただくといった方法で手続を行うことも可能です。

なお、同じ金融機関であればすでに投資信託口座等でマイナンバーの届出をしているお客様の場合、再度手続をすることなく預貯金口座にマイナンバーが登録されます。

■マイナンバーの届出に際して、本人確認は不可欠

　既存口座の場合も、新口座開設の届出と同様に、マイナンバーに関する本人確認が必要です。なお、本人確認に必要な番号確認と身元確認の手続方法は、新規口座開設時と同じなので、**Q2-3**を参照してください。

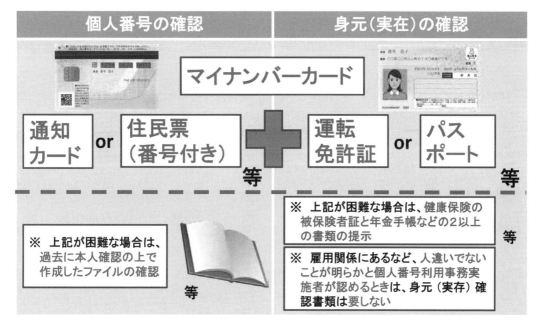

出所：内閣官房

第1部　知っておきたい預貯金のマイナンバー対応Q&A

Q2-5

渉外時にマイナンバーの届出をお客様が申し出た場合、どのように対応すればよいですか。

■ 渉外時にマイナンバーの届出依頼があった場合、安全管理に注意が必要

　渉外担当が、お客様先で「マイナンバーの届出を行いたい」といった申し出を受ける場合もあると思います。この場合、特に注意しなければいけないのがマイナンバーの取り扱いに関する安全管理です。この安全管理については、番号法等の法令によってきわめて厳格に規定されているので、法令に違反することのないよう万全の体制で対応する必要があります。具体的には、個人情報保護委員会の定めた「特定個人情報の適正な取扱いに関するガイドライン」並びに「（別冊）金融業務における特定個人情報の適正な取扱いに関するガイドライン」（以下、「事務ガイドライン」）に則った運用を厳格に行う必要があります。

　たとえば、渉外時にお客様からマイナンバー情報が記載された届出書や番号確認のためのマイナンバーカード、あるいは通知カード等を受領した場合、関係書類を事務センターに送付するまでの間、特定個人情報として上記のガイドラインに則った運用を行わなければいけません。カードを預かった渉外担当者はもちろんですが、ほかにも支店内の各担当者が介在するわけですから、当然リスクは高まります。こうした手続に関するリスクを軽減するためには、たとえば届出書と本人確認書類等を添付して郵送できる届出キットなどをお客様に渡す、あるいは後日送付することで、直接事務センター等に郵送していただくといった対応をお勧めします。つまり、できる限り渉外担当者が直接特定個人情報を扱わないようにすることが望ましい対応策だと言えます。

■ 渉外担当者がマイナンバー情報を取り扱う可能性がある場合は、あらかじめの安全管理措置等の準備が必要

　しかし、金融機関によってはお客様対応のために、どうしても渉外担当者が届出書を受領するといった対応が必要なケースがあると思います。その場合は、あらかじめ以下の安全管理措置について、漏れのないように対応する必要があります。

(1) 組織的安全管理措置

①取扱規程等の準備

取扱規程等に渉外担当者が特定個人情報を扱うことを明記し、その規程に則って渉外担当者は手続を行うことになります。

② 漏洩リスクを軽減するための対応・体制の見直し

渉外担当者が営業店外で特定個人情報を取り扱うことになれば、当然漏洩リスクは高まります。こうしたリスクを軽減するため、既存の対応・体制を見直す必要があります。

(2) 人的安全管理措置

① 渉外担当者の教育並びに監督

上長等は渉外担当者が特定個人情報を取り扱う際、取扱規程に基づいて適正な取り扱いを行うよう教育するとともに、適切に取り扱っているかを随時監督する必要があります。

(3) 物理的安全管理措置

① 漏洩等の防止

事務ガイドラインでは、「特定個人情報等が記録された電子媒体又は書類等を持ち運ぶ場合、容易に個人番号が判明しないよう、安全な方策を講ずる。」とするとともに、「特定個人情報等が記載された書類等を安全に持ち運ぶ方法としては、封緘、目隠しシールの貼付、追跡可能な移送手段の利用等が考えられる」と手法について

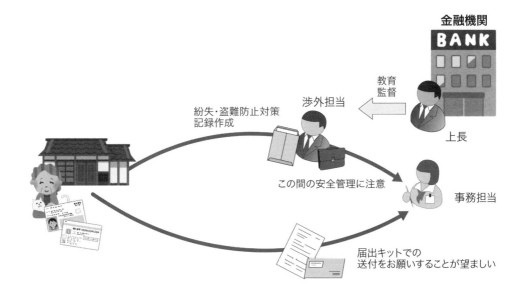

第1部　知っておきたい預貯金のマイナンバー対応Q&A

例示しています。つまり、しっかりと封緘する、鍵付きのカバンで持ち運ぶ等、紛失・盗難リスクを軽減する対応が必要となります。

■ 情報の受渡しの記録簿の作成

マイナンバーを受領する際、その情報を記載して保存する「記録簿」の作成も必要不可欠です。この記録簿に関して、個人情報保護員会も「記録を保存することは、取扱規程等に基づく確実な事務の実施、情報漏えい等の事案発生の抑止、点検・監査及び情報漏えい等の事案に対処するための有効な手段です。」としています。

万が一不幸にして紛失・盗難が起きても、その影響範囲を最小限にとどめ、迅速に対策を実行することが重要です。そうした体制を構築するためには受領時だけでなく、持ち帰った後の事務手続時、管理時等、できる限りきめ細かに記録することが重要です。いずれにしても、前述したとおり渉外担当者が営業店外で特定個人情報を取り扱うのは望ましくないので、関係書類を別途送付するといった直接取り扱わない方法を、できるだけお客様にお願いするようにしましょう。

Q2-6

マイナンバーの届出に来たお客様が必要な書類を忘れた場合、どのような対応をすればよいですか。

■マイナンバーの届出には、番号の提供だけでなく本人確認が必要

マイナンバーの届出手続には、番号の提供とともに、必ず本人確認（提示されたマイナンバーがお客様本人のものであることを公的書類により確認）の手続が必要です。つまり、本人確認手続が完了しなければ番号の届出が完了したことにはなりません。

たとえば、マイナンバーカードを持っていないお客様の本人確認手続の場合、複数の書類の提示を受ける必要があります。そのため、せっかく来店していただいたのに確認に必要な書類が足りないといったケースも十分想定されます。こうしたケースに直面したとき、どのように対処すればよいのでしょうか。

■本人確認には番号と身元の確認が求められる

前述したように、本人確認には番号と身元確認の2つの手続が必要です。この本人確認に必要な書類は、次ページの表のとおりです。この表の一番上に記載されているように、個人番号カード（マイナンバーカード）があれば1枚で2つの手続が終了します。一方、番号カード（マイナンバーカード）がない場合は、運転免許証やパスポート等、さまざまな書類を持参いただかないと手続は完了しません。実際、番号確認に必要な通知カードや番号の記載のある住民票の写しを常時携帯している方はほとんどいないと思います。来店したお客様が、「手帳にメモしてあるから、それで大丈夫だと思った」といったケースも想定されるだけに、あらかじめ必要な確認書類についてきちんと説明しておくことをお勧めします。

また、身元を確認する身分証に関しても、免許証等の顔写真付き身分証がない場合は、2つ以上の書類が必要になります。こうした必要書類についても、あらかじめお客様にきちんと説明しておくべきです。

■足りない書類がある場合は、後日持参・郵送等で対応

足りない書類があると手続は完了しませんので、後日持参いただくか、届出キットをお渡しして、別途郵送していただくといった対応が必要です。お客様の中には、

第1部　知っておきたい預貯金のマイナンバー対応Q&A

来店する機会がそれほど多くない方もいると思われるので、できる限り届出キットをお渡しし、別途郵送していただくようお願いするべきです。

番号及び本人確認に必要な書類

【I. 本人から個人番号の提供を受ける場合】

	番号確認	身元（実存）確認
対面・郵送（注1）	①個人カード【法16】	①個人カード【法16】
	②通知カード【法16】	②運転免許証、運転経歴証明書、旅券、身体障害者手帳、精神障害者保健福祉手帳、療育手帳、在留カード、特別永住者証明書【則1①一、則2一】
	③個人番号が記載された住民票の写し・住民票記載事項証明書【令12①】	③官公署から発行・発給された書類その他これに類する書類であって、写真の表示等の措置が施され、個人番号利用事務実施者が適当と認めるもの（i氏名、ii生年月日又は住所が記載されているもの）【則1①二、則2二】
	④　①から③までが困難であると認められる場合【則3①】 　ア　地方公共団体情報システム機構への確認（個人番号利用事務実施者） 　イ　都道府県知事保存本人確認情報の確認（都道府県知事） 　ウ　住民基本台帳の確認（市町村長） 　エ　過去に本人確認の上、特定個人情報ファイルを作成している場合には、当該特定個人情報ファイルの確認。 　オ　官公署又は個人番号利用事務実施者・個人番号関係事務実施者から発行・発給された書類その他これに類する書類であって個人番号利用事務実施者が適当と認める書類（i個人番号、ii氏名、iii生年月日又は住所が記載されているもの）	④　①から③までが困難であると認められる場合は、以下の書類を2つ以上【則1①三、則3②】 　ア　公的医療保険の被保険者証、年金手帳、児童扶養手当証書、特別児童扶養手当証書 　イ　官公署又は個人番号利用事務実施者・個人番号関係事務実施者から発行・発給された書類その他これに類する書類であって個人番号利用事務実施者が適当と認めるもの（i氏名、ii生年月日又は住所が記載されているもの） ⑤　①から③までが困難であると認められる場合であって、財務大臣、国税庁長官、都道府県知事又は市町村長が租税に関する事務において個人番号の提供を受けるときは、以下のいずれかの措置をもって④に代えることができる。【則1③、則3③】 　ア　公的医療保険の被保険者証、年金手帳、児童扶養手当証書、特別児童扶養手当証書のいずれか1つ 　イ　申告書等に添付された書類であって、本人に対し一に限り発行・発給された書類又は官公署から発行・発給された書類に記載されているi氏名、ii生年月日又は住所の確認 　ウ　申告書等又はこれと同時に提出される口座振替納付に係る書面に記載されている預貯金口座の名義人の氏名、金融機関・店舗、預貯金の種別・口座番号の確認 　エ　調査において確認した事項等の個人番号の提供を行う者しか知り得ない事項の確認 　オ　アからエまでが困難であると認められる場合であって、還付請求でないときは、過去に本人確認の上で受理している申告書等に記載されている純損失の金額、雑損失の金額その他申告書等を作成するに当たって必要となる事項又は考慮すべき事情であって財務大臣等が適当と認めるものの確認
		⑥個人番号の提供を行う者と雇用関係にあること等の事情を勘案し、人違いでないことが明らかと個人番号利用事務実施者が認めるときは、身元（実存）確認書類は要しない。【則3⑤】

30

第2章　マイナンバー手続関連

オンライン	①個人番号カード（ICチップの読み取り）【則４一】	①個人番号カード（ICチップの読み取り）【則４一】
オンライン	②　以下のいずれかの措置 　ア　地方公共団体情報システム機構への確認（個人番号利用事務実施者）【則４二イ】 　イ　都道府県知事保存本人確認情報の確認（都道府県知事）【則４二イ】 　ウ　住民基本台帳の確認（市町村長）【則４二イ】 　エ　過去に本人確認の上、特定個人情報ファイルを作成している場合には、当該特定個人情報ファイルの確認【則４二イ】 　オ　官公署若しくは個人番号利用事務実施者・個人番号関係事務実施者から発行・発給された書類その他これに類する書類であって個人番号利用事務実施者が適当と認める書類（ⅰ個人番号、ⅱ氏名、ⅲ生年月日又は住所が記載されているもの）若しくはその写しの提出又は当該書類に係る電磁的記録の送信【則４二ロ】 ※　通知カードの写しを別途郵送・PDFファイルの添付送信などを想定。	②　公的個人認証による電子署名【則４二ハ】 ③　個人番号利用事務実施者が適当と認める方法【則４二ニ】 ※　民間発行の電子署名、個人番号利用事務実施者によるID・PWの発行などを想定。
電話（注2）	①過去に本人確認の上作成している特定個人情報ファイルの確認【則３①五】 ②　地方公共団体情報システム機構への確認（個人番号利用事務実施者）【則３①一】 ③　都道府県知事保存本人確認情報の確認（都道府県知事）【則３①二・三】 ④　住民基本台帳の確認（市町村長）【則３①四】	○本人しか知り得ない事項その他の個人番号利用事務実施者が適当と認める事項の申告【則３④】 ※　給付の受取先金融機関名等の複数聴取などを想定。

（注1）郵送の場合は、書類又はその写しの提出
（注2）日本年金機構における年金相談業務での個人番号の提供を想定。本人確認の上特定個人情報ファイルを作成している場合であって、電話で個人番号の提供を受け、当該ファイルにおいて個人情報を検索、管理する場合に限る。

出所：「本人確認の措置」内閣官房番号制度推進室　http://www.cao.go.jp/bangouseido/pdf/lawkakunin.pdf

Q2-7 法人名義口座も付番の適用対象ですか。

■法人名義口座も預貯金付番の適用対象

　法人名義口座も、預貯金付番の適用対象です。この場合、マイナンバーつまり個人番号ではなく法人に付番される法人番号を登録することになります。

　この法人名義口座の付番については、内閣官房が公表した資料「預貯金付番に向けた当面の方針（案）」（平成26年12月）に、以下のような説明があります。

> 　国税通則法及び地方税法に金融機関は預貯金口座情報をマイナンバー又は法人番号によって検索できる状態で管理しなければならない旨を規定するとともに、当該規定を番号法第9条第3項に明掲し、金融機関が個人番号関係事務実施者として預貯金者等に対してマイナンバーの告知を求めることができることを明らかにする。

　さらに改正番号法とともに改正された国税通則法で、以下のとおり規定しています。

> 第74条の13の2　金融機関等（略）は、政令で定めるところにより、預貯金者等情報（預貯金者等（略）の氏名（法人については、名称）及び住所又は居所その他預貯金等（略）の内容に関する事項であつて財務省令で定めるものをいう。）を当該預貯金者等の番号（行政手続における特定の個人を識別するための番号の利用等に関する法律（平成25年法律第27号）第2条第5項（定義）に規定する個人番号又は同条第15項に規定する法人番号をいう。第124条第1項（書類提出者の氏名、住所及び番号の記載等）において同じ。）により検索することができる状態で管理しなければならない。

　以上から明らかなように、法人名義の口座についても、個人番号の代わりに法人番号を登録する必要があります。なお、法人名義の口座に関しても預貯金付番においては番号の届出はあくまでも任意なので、個人のお客様と同様にお客様である法人側が提供を拒むことも可能です。

■法人番号の届出にも番号を確認できる書類等による確認が必要

　前述したとおり、個人番号の届出には番号確認と身元確認が必要ですが、法人の場合は身元確認を行う手段がありませんし、番号法上もそのような規定はありませ

ん。したがって、法人番号を確認できる書類をお客様法人に準備してもらうことで完了します。

なお、法人番号については、以下のどれかに該当するすべての法人に付番されることになっています。

① 国の機関

② 地方公共団体

③ 会社法その他の法令の規定により設立の登記をした法人（設立登記法人）

④ ①～③以外の法人又は人格のない社団等であって、法人税・消費税の申告納税義務又は給与等に係る所得税の源泉徴収義務を有することとなる者

⑤ ①～④以外の法人又は人格のない社団等であって、個別法令で設立された国内に本店を有する法人や国税に関する法律に基づき税務署長等に申告書・届出書等の書類を提出する者など一定の要件に該当するもので、国税庁長官に届出たもの

つまり、一般的な事業会社でなくても、上記の条件を満たせば法人番号が付番されます。たとえば、税金の手続で届出を行ったマンションの管理組合等にも付番されるので注意してください。

なお、番号の届出にかかる手続ですが、法人番号とともに以下の確認書類を提示していただくことになります。

① 法人番号決定通知書（提示日前6ヵ月以内に作成）

　または、

② 法人番号決定通知書（提示日前6ヵ月以上前に作成）＋法人確認書類

　または、

③ 法人番号印刷書類（提示日前6ヵ月以内に作成）＋法人確認書類

具体的には、主に以下のものがあります。

・印鑑証明書（発行後6ヵ月以内のもの）

・登記事項証明書（写しを含む、6ヵ月以内のもの）

・国税または地方税の領収書、納税証明書、社会保険料の領収書（領収日付または発行年月日が6ヵ月以内のもの）

・法令の規定に基づき官公署から送付を受けた許可、認可、承認に係る書類（6ヵ月以内のもの）

第1部　知っておきたい預貯金のマイナンバー対応Q&A

Q2-8

マイナンバーの届出を行わなくても預貯金口座に登録されることはありますか。

■ マイナンバーを届け出なくても登録される可能性がある

前述したとおり、預貯金口座へのマイナンバーの届出は任意なので、マインバーの登録を希望されないお客様はそもそも届出を行う必要はありません。であれば登録されることはないかというと、実は届出を行っていなくても登録される可能性があります。

具体的には、次の2つのケースで登録される可能性があります。

① 他の金融商品取引における法定調書作成等のため、すでにお客様からマイナバーの届出を受けている場合
② 行政機関が公金振込口座の情報とマイナンバーの情報を紐付けて金融機関に提供する場合（現時点では実施時期未定）

■ 投信口座等でマイナンバーを取得済みのお客様については、預貯金口座にも取得済みのマイナンバーを登録する

投資信託等の有価証券口座を保有するお客様の場合、マイナンバーの届出が義務付けられているので、猶予期間の2018年12月末までに届出を行う必要があります。また、海外送金の取引等、法定調書等にマイナンバーの届出が義務付けられている金融商品取引もあります。こうしたお客様に対して、現在、各金融機関が公表している「金融商品取引に関する支払調書作成事務」の利用目的を変更することによって、改めてお客様からの届出がなくても預貯金口座に登録することができます。なお、この場合はお客様からの申し出がなくても登録を行うことができるという点に注意が必要です。

■ 今後、お客様が行政機関に届け出た公金の振込口座情報とマイナンバーを紐付けて金融機関に提供される

実施時期は未定ですが、今後税務署や市町村などの口座振込申請書にマイナンバーの記載欄が追加される予定です。公金振込口座にマイナンバーが登録されると

いうことは、必然的に行政機関からその情報が金融機関に提供されることになると思われます。たとえば、納税手続を口座振込にすると、自動的にマイナンバー情報が行政機関から提供され、金融機関はその番号を当該口座に登録することになると思います。

この場合も、お客様からの申し出がなくても登録できる点に注意が必要です。

■お客様から「届出をしていないのに付番されている」等の問合せに留意

このように、お客様から届出を受けていなくても、マイナンバーが預貯金口座に登録される場合があるので、「マイナンバーの届出を行っていないのになぜ口座に登録されているのか」といった問合せが寄せられる可能性があります。そういう問合せを少しでも減らすためにも、付番が始まるタイミングで、マイナンバーを届出済みのお客様には自動的に預貯金にも付番されること、今後税金等を口座振替にするとマイナンバーが役所から当該金融機関に通知されることを丁寧に説明するべきです。

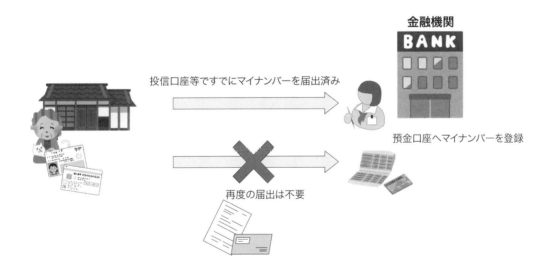

Q2-9

すでに投信口座でマイナンバーを届け出たお客様の届出は必要ですか。

■ お客様単位で管理を行っている場合は、預貯金口座に紐付く

　金融機関のお客様管理は、一般的にCIF番号によって行っているので、投信口座もCIF番号によってお客様管理を行っている場合は、同じCIF番号の預貯金口座に紐付けられます。このように法定調書等への付番でマイナンバーを提供しているお客様に対して、改めてマイナンバーを提供していただかなくても預貯金口座に登録できるようにしたのは、お客様への負担を軽減するためです。

　ただし、以下のとおり当該金融機関が「金融商品取引に関する支払調書作成事務」等の利用目的を変更し、それを公表している場合に限るので、注意してください。

■ マイナンバーの利用目的の変更とその公表・通知が必要

　マイナンバーの利用目的の変更については、個人情報保護委員会のガイドラインに関するQ&A[1]で、以下のように解説しています。

Q16-5　金融機関が、利用目的を「金融商品取引に関する支払調書作成事務」と特定し、お客様から個人番号の提供を受けていた場合、「預貯金口座への付番に関する事務」のためにその個人番号を利用するには、どのような対応が必要ですか。

A16-5　個人番号の提供を受けた時点で利用目的として特定されていなかった「預貯金口座への付番に関する事務」のためにその個人番号を利用することは、特定した利用目的を超えて個人番号を利用することになりますので、当該事務のためにその個人番号を利用するには、利用目的を明示し、改めて個人番号の提供を受けるか、利用目的を変更して、変更された利用目的を本人に通知し、又は公表する必要があります。（平成29年7月追加）

　このように各金融機関が公表している利用目的を変更し、それを公表または通知することで、お客様からの同意を得ることなく、預貯金へのマイナンバーの登録が行えます。

　具体的には、利用目的を以下のように変更することが考えられます。

1　https://www.ppc.go.jp/legal/policy/answer/

（利用目的変更の例）

　金融機関XXXは、個人情報保護法第15条第2項および第18条第3項を踏まえ、当行の「個人番号および個人番号をその内容に含む個人情報の利用目的」を以下のとおり変更（追加）しますので、お知らせいたします。

　なお、変更日は、預貯金口座付番が開始される2018年1月1日からといたします。

個人番号の利用目的（変更前）

金融商品取引に関する法定書類作成事務

国外送金等取引に関する法定書類作成事務

非課税貯蓄制度等の適用に関する事務

不動産取引、報酬、料金、契約金および賞金に関する支払調書作成事務

個人番号の利用目的（変更後）

金融商品取引に関する法定書類作成事務

国外送金等取引に関する法定書類作成事務

非課税貯蓄制度等の適用に関する事務

不動産取引、報酬、料金、契約金および賞金に関する支払調書作成事務

預貯金口座付番に関する事務（追加）」

■業務・システム面での対応も必要

　取得済みのマイナンバーを預貯金口座に登録するためには、業務面及びシステム面での対応も欠かせません。付番は2018年1月1日から始まるので、その前に準備を終わらせておく必要があります。

　特にお客様から「マイナンバーの届出を行っていないのに預貯金口座にマイナンバーが登録されている」といった問合せが多く入る可能性があるので、あらかじめ全行的なコンセンサスを得ることをお勧めします。

Q2-10

すでに海外送金でマイナンバーを届け出ているお客様のマイナンバーの届出は必要ですか。

■ 海外送金については、2016年1月以降、マイナンバーの届出が義務化

マイナンバー制度の実施に伴い、すでに海外送金については「内国税の適正な課税の確保を図るための国外送金等に係る調書の提出等に関する法律（国外送金等調書法）」の改正が行われています。この改正により、2016 年1 月1 日以後、銀行等の金融機関を経由して国外への送金を行う、あるいは国外からの送金を受領する場合、マイナンバーを含めた告知書を提出することが義務付けられました。ただし、本人確認済みで、かつマイナンバーの届出を行った預金口座（本人口座）を用いて行う場合は、国外送金等における告知書の提出は必要ありません。

なお、2015年12月31日までに開設された既存の本人口座に関しては、2018年末までにマイナンバーの届出を行えばよいという3年間の猶予規定があります。ただ、多くの金融機関が口座経由の国外送金のみを受け付けている現状にかんがみれば、すでに国外送金を行う預貯金口座にはマイナンバーが登録され、法定調書等の作成に利用されていると思われます。

■ 利用目的の変更により、海外送金のために届け出たマイナンバーを預貯金に利用することも可能

Q2-9の投信口座のケースと同様に、海外送金のために届け出たマイナンバーについても、利用目的を変更することによって預貯金で利用することは可能です。また変更にかかる手続もQ2-9と同様です。

■ 業務・システム面での対応は必要

海外送金のために取得したマイナンバーを預貯金の付番に利用する場合も、業務面及びシステム面での対応が必要です。付番は2018年1月1日から始まるので、その前に準備を終わらせておく必要があります。

特にお客様から「マイナンバーの届出を行っていないのに預貯金口座にマイナンバーが登録されている」といった問合せが多く入る可能性があるので、あらかじめ全行的なコンセンサスを得ることをお勧めします。

第3章

お客様対応

Q3-1

お客様に「なぜ預貯金口座にマイナンバーの届出が必要なのか」と聞かれた場合、どのように対応すればよいですか。

■ 改正番号法により預貯金もマイナンバー登録の対象に

預貯金口座については、マイナンバー制度が開始された当初（2016年1月1日）は原則制度の対象外でした（ただし一定以上の利子支払のある法人定期預金等は対象）。しかし、制度が始まる前の2015年9月に番号法が改正され、新たに預貯金口座について以下の規定が盛り込まれました。

① 2018年1月より、預貯金分野でマイナンバーの利用を可能とする。
② 預金者は、銀行等の金融機関からマイナンバーの告知を求められることになる（あくまでも任意であり、告知義務は課されない）。
③ 預貯金に付番された番号は、以下の二つに限って利用を可能とする。
　・社会保障制度の資力調査や国税・地方税の税務調査の際、金融機関からマイナンバーが付された預金情報を提供してもらうこと。
　・預金保険機構等によるペイオフのためにマイナンバーを利用すること。
④ 金融機関において預金情報をマイナンバーによって検索可能な状態で管理することの義務化。

■ 預金保険等の名寄せや行政機関の資力調査・税務調査で利用

③にあるように、預貯金口座に付番されたマイナンバーは、

・行政機関による資力調査や税務調査
・預金保険等の名寄せ

で利用されます。換言すれば、それ以外の、たとえば金融機関がマーケティング等のお客様管理で利用すると、目的外利用となり法律で罰せられます。また、本改正による預貯金口座の付番はあくまでも任意の届出であり、強制ではありません。仮に届出を行わなくてもペナルティが課せられることはないといったことも、きちんとお客様に説明するようにしましょう。

第3章　お客様対応

Q3-2

お客様に「任意での届出とは何か」と聞かれた場合、どのように対応すればよいですか。

■改正番号法では預貯金付番の義務化は見送り

改正番号法において預貯金付番の義務化が見送られた経緯については、麻生金融担当大臣が法案の閣議決定後に行った記者会見（平成27年3月10日）[1]で、次のように発言しています。

> 問　マイナンバーと預金口座を紐付けする番号法の改正案が閣議決定されました。2018年から任意で預金口座への付番を始めるとのことですけれども、徴税面での効果や今後義務付けすべきかどうか、大臣の御所見を教えてください。
>
> 答　預金口座にマイナンバーを付けられるということが盛り込まれているのですが、これによって課税の側面からいったら資産や所得の把握とか徴収事務に利用できて公平・適正な課税につながるということは期待していますよ。ただ、大半の納税者は税務調査の対象にはなっていませんからね。したがって税務調査上の必要性から預貯金者全体に告知義務を課すことについては、少し議論があるものと考えているのですが、今般の番号法改正については、預貯金者に対する告知義務を見送ったのはそのせいです。一方、告知義務がなければ普及しないではないかという指摘は承知していますので、今般の法案の改正においては、制度が施行してから3年したら見直しをしようという規定が設けられています。その時点での付番の状況を踏まえて、さらにその促進に向けた施策を行うべきなのか、もうそれぐらいでいいのかというのは、3年したところぐらいで検討させていただこうかと思っています。

この発言からも明らかなように、今回の改正番号法では預貯金者全体へのマイナンバーの告知義務は課されていません。あくまでも任意での届出ということです。

■番号を届け出なくても、何らペナルティはない

マイナンバーの届出は任意ですから、お客様が望まない場合は届出を行わなくても何ら問題はない、ということです。仮にマイナンバーを届出なくても、たとえば税制面でデメリットを被る、あるいは預貯金口座を利用する取引に制約が生じると

1　出所：麻生副総理兼財務大臣兼内閣府特命担当大臣閣議後記者会見の概要（平成27年3月10日（火曜日））
http://www.mof.go.jp/public_relations/conference/my20150310.htm

41

いったペナルティはありません。

■将来的には義務化の可能性があることもお伝えする

　ただし、麻生大臣の記者会見の発言でも明らかなように、制度開始後3年を目途に告知を義務化する可能性があります。この義務化については、内閣官房が作成した資料「次期通常国会で個人情報保護法等と一括改正を予定している マイナンバー法改正関係について（案）」（平成26年12月19日）の中の「預貯金付番に向けた当面の方針（案）」（平成26年12月19日）でも、以下のとおり明記されています。

　これらの法令の規定の施行後3年を目途に、金融機関の実務や付番の状況等を踏まえ、既存口座への付番を官民挙げて集中的に進めるための方策につき、法改正も視野に前広な検討を行う。

　つまり、今後任意での付番状況が順調に進まなければ、既存口座も含めすべての口座に対してマイナンバーの告知義務を課す、と警告を発しているわけです。もし、すべての口座となると、投信などの有価証券取引口座等とは比較にならない口座数が対象になります。そうなると各金融機関の窓口が混乱するのはもちろんですが、お客様にも多大な迷惑をかけることにもなりかねません。

　以上から、仮にお客様からマイナンバーの届出を断られても、制度導入の趣旨、今後の改正等について丁寧に説明することで、マイナンバーの届出を促すことが求められます。その際、気をつけていただきたいのは、お客様の中には何度もマイナンバーの提供を求められることで、不快感を露にする方がいらっしゃるということです。最悪の場合、取引中止といった事態に発展するかも知れません。そうした事態を避けるためにも、従前から全行的にお客様情報を共有することをお勧めします。

第3章 お客様対応

Q3-3

お客様に「届出を行わないと何かデメリットがあるのですか」と聞かれた場合、どのように対応すればよいですか。

■ 預貯金付番はあくまでも任意の届出

改正番号法により2018年1月以降預貯金口座にマイナンバーが付番されることになりましたが、この付番はあくまでも任意であり、告知を希望しない場合はマイナンバーを届け出る必要はありません。一方、従来からマイナンバー制度の対象となっている投資信託口座等は、マイナンバーの届出が義務化されているので必ず届出る必要があります（2015年12月31日までに開設した既存の口座に関しては、3年間の猶予措置があります）。したがって、お客様に対して投信口座と違って強制ではない旨を説明する必要があります。

■ 告知しなくても問題なく、特にペナルティやデメリットもない

告知は任意なので、お客様の判断により預貯金口座への付番を拒否することは可能です。仮にマイナンバーを届け出なくても、たとえば税制面でデメリットを被る、あるいは預貯金口座を利用する取引に制約が生じるといったペナルティはありません。

■ マイナンバーを届け出なくても、行政機関は税務調査・資力調査を行う

お客様がマイナンバーを告知しなくても、改正番号法でマイナンバーの利用目的とされた以下の2点の業務に影響が出るわけではありません。

① 行政機関による資力調査や税務調査
② 預金保険等の名寄せ

というのも、これらの業務はマイナンバー制度が始まる前から行われており、今回のマイナンバーの利用はあくまでも業務の効率化に資するという考えに基づくからです。したがって、仮にマイナンバーの届出がなくても従来の方法で業務は行われます。具体的には、国税通則法等の各種法令により資力調査や税務調査の方法は規定されているので、行政機関はこうした法律に則って住所・氏名等での照会を従

43

前どおり行うことになります。
　つまり、マイナンバーを告知しないデメリットはないが、同時にマイナンバーを告知しないことによるメリットもない、ということをきちんと説明することが重要です。

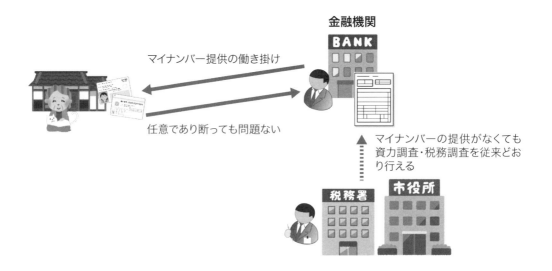

第3章　お客様対応

Q3-4

お客様に「マイナンバーの届出を行っていないのに、自分の預金口座に付番されている」と言われた場合、どのように対応すればよいですか。

■マイナンバーはお客様からの届出が原則だが、利用目的を変更することで取得済みの番号を預貯金付番に利用できる

マイナンバーの提供・利用については、個人情報保護委員会の資料「（別冊）金融業務における特定個人情報の適正な取扱いに関するガイドライン」（最終改正：平成29年5月30日）で、以下のように規定しています。

3　特定個人情報の提供制限等

　3-⑵　個人番号の提供の求めの制限、特定個人情報の提供制限

　　１　提供の求めの制限（番号法第15条）

　　　何人も、番号法第19条各号のいずれかに該当し特定個人情報の提供を受けることができる場合を除き、他人の個人番号の提供を求めてはならない。

　　　金融機関が、金融業務に関連して個人番号の提供を求めることとなるのは、お客様に対し、支払調書作成事務等のために個人番号の提供を求める場合に限られる。

　　＊　金融機関は、支払調書作成事務等を処理する目的で、お客様に対し、個人番号の提供を求めることとなる（番号法第19条第3号に該当）。一方、法令で定められた支払調書作成事務等を処理する場合を除き、個人番号の提供を求めてはならない。

　　　　　　　　　　　　　　　　　　　　　　　　　（ガイドライン：11ページ）

1　特定個人情報の利用制限

　1-⑴　個人番号の利用制限

　　B　利用目的を超えた個人番号の利用禁止

　　　a　利用目的を超えた個人番号の利用禁止（番号法第30条第3項により読み替えて適用される個人情報保護法第16条第1項）

　　　（前半略）

　　　したがって、個人番号についても利用目的（個人番号を利用できる事務の範囲で特定した利用目的）の範囲内でのみ利用することができる。利用目的を超えて個人番号を利用する必要が生じた場合には、当初の利用目的と関連性を有すると合理的

45

第1部　知っておきたい預貯金のマイナンバー対応Q&A

に認められる範囲内で利用目的を変更して、本人への通知等を行うことにより、変更後の利用目的の範囲内で個人番号を利用することができる（個人情報保護法第15条第2項、第18条第3項）。

（ガイドライン：2ページ）

　上記から明らかなように、マイナンバーはお客様からの届出が原則であり、利用目的ごとにマイナンバーの届出が必要になります。ただし、利用目的を変更することにより、すでに取得したマイナンバーを変更後の利用目的の範囲内で利用することは可能です。これについては、「個人情報保護員会のガイドラインに関するQ&A」[2]において、以下のとおり明文化されています。

Q16-5　金融機関が、利用目的を「金融商品取引に関する支払調書作成事務」と特定し、お客様から個人番号の提供を受けていた場合、「預貯金口座への付番に関する事務」のためにその個人番号を利用するには、どのような対応が必要ですか。

A16-5　個人番号の提供を受けた時点で利用目的として特定されていなかった「預貯金口座への付番に関する事務」のためにその個人番号を利用することは、特定した利用目的を超えて個人番号を利用することになりますので、当該事務のためにその個人番号を利用するには、利用目的を明示し、改めて個人番号の提供を受けるか、利用目的を変更して、変更された利用目的を本人に通知し、又は公表する必要があります。（平成29年7月追加）

　上記のとおり、各金融機関は利用目的の変更を通知・公表することで、すでに投信口座等で取得したマイナンバーを預貯金の付番に利用することができます。したがって、お客様から「マイナンバーの届出を行っていないのに、自分の預金口座に付番されている」といった問い合わせがあれば、投信口座等でマイナンバーを届け出ている可能性が高いので、投信口座の届出の有無を確認したうえで、その旨をお客様に説明することになります。

■ きめ細かい広報・説明が求められる

　その際、お客様から「自分から告知していないのになぜ付番されているのか、詳しく説明してほしい」といった要望が寄せられる可能性があります。そういうケースに備えて、全行的に預貯金口座に対するマイナンバー付番の意義及び個人情報保護委員会のルールに則った対応をしていることを丁寧に説明できるよう、予め周知徹底することをお勧めします。また、お客様の理解を得るための広報活動等を積極的に行うことによって混乱を避けるのも有効だと思います。

2　https://www.ppc.go.jp/legal/policy/answer/

Q3-5

お客様に「すでに他の金融機関に届出を行っているので不要では」と言われた場合、どのように対応すればよいですか。

■ マイナンバーは法が定める例外規定以外への第三者提供は禁止

番号法では、以下のとおりマイナンバーの第三者提供を原則禁止しています。

> 第15条　何人も、第19条各号のいずれかに該当して特定個人情報の提供を受けることができる場合を除き、他人（自己と同一の世帯に属する者以外の者をいう。第20条において同じ。）に対し、個人番号の提供を求めてはならない。

　ここでいう例外には、①番号関係事務のために金融機関から税務署に対してマイナンバーに関わる情報を提供すること（マイナンバー記載の法定調書のう提出等）、②合併等の事由による事業の承継に伴って情報を提供すること等が該当します。

■ 他の金融機関からのマイナンバー提供は不可

　番号法第15条から明らかなように、他の金融機関に届出たマイナンバーを別の金融機関に提供することはできません（例外②の提供を除く）。
　ここでいう「提供」について、個人情報保護委員会の資料「(別冊) 金融業務における特定個人情報の適正な取扱いに関するガイドライン」（平成29年5月30日最終改正）では、以下のように解説しています。

> ＊「提供」に当たる場合
> 　金融機関甲から他の事業者乙へ特定個人情報が移動する場合は「提供」に当たる。同じ系列の会社間等での特定個人情報の移動であっても、別の法人である以上、「提供」に当たり、提供制限に従うこととなるため留意が必要である。たとえば、甲銀行と子会社である乙証券会社が同一のお客様と取引しており、そのお客様から非公開情報の授受について書面による同意を得ている場合であっても、甲乙間でお客様の個人番号を提供又は共同利用してはならない。
>
> （ガイドライン：12ページ）

第1部　知っておきたい預貯金のマイナンバー対応Q&A

　以上から、たとえ他の金融機関の預貯金口座にマイナンバーの届出を行っていても、改めてマイナンバーの届出を行ってもらう必要があります。したがって、お客様から「すでに他の金融機関に届け出ているから、そちらの金融機関に問い合わせてくれ」と言われた場合でも、「法律により他の金融機関からマイナンバーに関する情報を提供してもらうことはできません。お手数とは存じますが、改めて届出を行っていただくことになります」と丁寧に説明する必要があります。

■系列グループ内の金融機関であっても改めて届出を行う必要がある

　また、系列グループ内の金融機関、たとえば銀行と子会社の証券会社の間でも金融機関間でマイナンバーを提供することはできません。この場合も改めて届出を行う必要があるので、十分注意してください（詳細は次の**Q3-6**）。

第3章　お客様対応

Q3-6

お客様に「系列金融機関（例：証券会社）に届け出たので不要では」と言われた場合、どのように対応すればよいですか。

■マイナンバーは法が定める例外規定以外の第三者提供は禁止

Q3-5で述べたとおり、番号法によりマイナンバーの第三者提供は原則禁止されています。したがって、すでに他の金融機関に番号を提供していても、改めてマイナンバーの届出が必要です。また、たとえ系列内の金融機関であっても別法人であれば提供することはできませんので、改めて届出を行っていただく必要があります。

この「提供」について、個人情報保護委員会の資料「（別冊）金融業務における特定個人情報の適正な取扱いに関するガイドライン」（最終改正：平成29年5月30日）で、以下のように解説しています。

＊「提供」に当たる場合

金融機関甲から他の事業者乙へ特定個人情報が移動する場合は「提供」に当たる。同じ系列の会社間等での特定個人情報の移動であっても、別の法人である以上、「提供」に当たり、提供制限に従うこととなるため留意が必要である。たとえば、甲銀行と子会社である乙証券会社が同一のお客様と取引しており、そのお客様から非公開情報の授受について書面による同意を得ている場合であっても、甲乙間でお客様の個人番号を提供又は共同利用してはならない。

（ガイドライン：12ページ）

以上から明らかのように、仮にグループ内の金融機関間で一体となってお客様管理を行っている場合でも、マイナンバー及びそれに関わる特定個人情報を提供することはできません。それぞれの金融機関ごとに届出を行っていただき、それぞれの金融機関が管理することになります。

なお、マイナンバーの提供を親会社の金融機関に委託することは認められています。たとえば、証券子会社から委託を受けて銀行等の窓口で証券子会社の口座に関するマイナンバーの提供を受けることは可能です。ただし、その場合もあくまでマイナンバーの提供は委託した証券子会社に対してのみであり、委託を受けた銀行が自行の口座に当該マイナンバーを登録することはできないので注意してください。

■お客様に丁寧に説明し、改めて届出を行うよう依頼する

　金融機関においては、サービスの向上、システムの効率的な運用等を背景に系列金融機関と一体的にお客様管理・サービス提供を行っているケースも少なくないと思います。こうしたケースでは、お客様から「一体的なサービスを提供している以上、手続も二度手間は不要では？」といった疑問が寄せられる可能性があります。しかし、法律によってたとえ系列金融機関であってもマイナンバーの提供はできませんので、その旨を丁寧に説明する必要があります。

　その際、特に気をつけていただきたいのが、すでに系列金融機関の有価証券取引口座にマイナンバーの届出を行っているケースです。この場合、有価証券取引口座ではマイナンバーの届出は必須だが、預貯金口座への届出は任意だということを、お客様に理解いただけるように十分説明する必要があります。

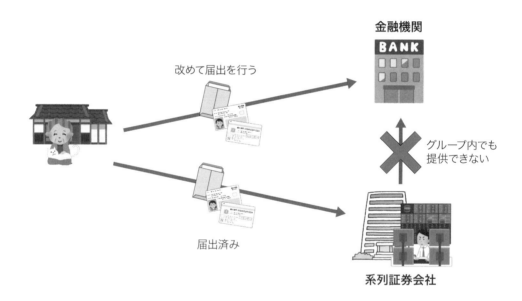

Q3-7

お客様口座の届出住所と通知カードやマイナンバーカードの記載住所が異なる場合、どのように対応すればよいですか。

■投信口座では「氏名・住所・マイナンバー」の届出が必須のため住所変更手続が必要

　お客様からマイナンバーの届出を受けた際、本人確認のために提示していただいた通知カードやマイナンバーカードに記載された住所と口座の住所が異なっている場合があります。この場合、どのような対応が必要になるのでしょうか。

　まず、投信口座のケースで説明します。投信口座を保有するお客様は所得税法施行令第336条により、金融機関に氏名、住所、マイナンバーを伝えることが義務付けられています（これを税法上「告知」と呼びます）。また、本来は分配金の受け取り都度告知が必要ですが、同じ所得税法施行令第336条2項により、あらかじめ金融機関に告知しておくことで、以後告知をしたものと見なし、都度の告知は不要になります（これを「見なし告知」と呼びます）。ただし、上記の3つの情報に変更があった場合、または初めてマイナンバーを届け出る場合には最新の氏名、住所、マイナンバーの届出が必要です。

　そもそも通知カード・マイナンバーカードに記載される住所は住民票の登録住所なので、引越等により住所が変わった場合は、都度通知カード・マイナンバーカードに記載される住所も変更されます。つまり、お客様口座の届出住所と通知カード・マイナンバーカードの住所が異なっていれば、それは金融機関への届出後引越等により住民票の住所変更が行われたことになります。この場合は、金融機関の登録住所も住民票の登録住所に変更することになるので、住所変更手続を合わせて行う必要があります。同様に氏名の変更時も同じ手続が必要になるので注意してください。

所得税法施行令

（預貯金、株式等に係る利子、配当等の受領者の告知）

第336条　国内において法第224条第1項（利子、配当等の受領者の告知）に規定する利子等（以下この条において「利子等」という。）又は同項に規定する配当等（以下この条において「配当等」という。）につき支払を受ける者（公共法人等を除く。以下この条において同じ。）は、その利子等又は配当等につきその支払の確定する日までに、その確定

第1部　知っておきたい預貯金のマイナンバー対応Q&A

の都度、その者の氏名又は名称、住所（国内に住所を有しない者にあつては、同項に規定する財務省令で定める場所。以下この条、次条第3項及び第338条（貯蓄取扱機関等の営業所の長の確認等）において同じ。）及び個人番号又は法人番号（個人番号若しくは法人番号を有しない者又は第4項の規定に該当する個人（第338条第1項及び第2項において「番号既告知者」という。）にあつては、氏名又は名称及び住所。次項において同じ。）を、その利子等又は配当等の支払をする者の営業所、事務所その他これらに準ずるものでその支払事務の取扱いをするものの長（第五項第一号に掲げる者を含む。以下この条において「支払事務取扱者」という。）に告知しなければならない。

2　利子等又は配当等につき支払を受ける者が次の各号に掲げる場合のいずれかに該当するときは、その者は、その支払を受ける当該各号に定める利子等又は配当等につき前項の規定による告知をしたものとみなす。

（以下、略）

■預貯金口座の住所変更手続も行うのが望ましい

　従前から多くの金融機関において、引越等に際して住所変更の呼びかけをしてこられたと思いますが、必ずしもすべてのお客様に対応してきたわけではないと思います。今回の預貯金口座へのマイナンバー付番を契機に、預貯金口座につても同様に積極的に住所変更手続を行うことをお勧めします（氏名変更も同様）。

　というのも、改正番号法に伴って改正された国税通則法の中に、以下の規定が新たに追加されたからです。

国税通則法

（預貯金者等情報の管理）

第74条の13の2　金融機関等（略）は、政令で定めるところにより、預貯金者等情報（預貯金者等（略）の氏名（法人については、名称）及び住所又は居所その他預貯金等（略）の内容に関する事項であつて財務省令で定めるものをいう。）を当該預貯金者等の番号（行政手続における特定の個人を識別するための番号の利用等に関する法律（平成25年法律第27号）第2条第5項（定義）に規定する個人番号（第124条第1項（書類提出者の氏名、住所及び番号の記載等）において「個人番号」という。）又は同法第2条第15項に規定する法人番号をいう。第124条第1項において同じ。）により検索することができる状態で管理しなければならない。

（平成30年1月1日施行）

　上記のとおり、金融機関はマイナンバーとともに氏名、住所等の預貯金口座情報を管理することが求められています。つまり、お客様口座の氏名・住所に関しても

最新情報を把握するよう求められているわけですから、預貯金口座におけるマイナンバーの届出手続の際、通知カード・マイナンバーカードに記載されている住所とお客様口座の登録住所が異なる場合は、住所変更手続をすることが望ましいと言えます。

■身元確認に用いる身分証明書の住所にも注意が必要

なお、マイナンバーの届出手続において通知カードで番号を確認する場合は、身元確認のために免許証等の顔写真付き身分証を提示する必要があります。その際、注意しなければいけないのは、身分証の記載住所と通知カードに記載されている住所が同一であるかどうかを確認する必要があるということです。もし、免許証等の身分証の記載住所と通知カードの記載住所が異なっていれば、番号法で定めた本人確認を行うことはできないので、別途通知カードの記載住所と同じ表記の身分証を提示していただくことになります。

■連絡先を別の住所にする場合は、別途項目を設けて対応

お客様によっては、「通知カード・マイナンバーカードの記載住所で登録したくない」、たとえば「書類の送付先を別にしたい」といった要望があるかもしれません。こうした場合は、まず通知カード・マイナンバーカードの記載住所で口座の登録を行います。そのうえで、別途書類送付先や連絡先の項目を設定し、そこにお客様の希望する住所を登録するといった対応が考えられます。

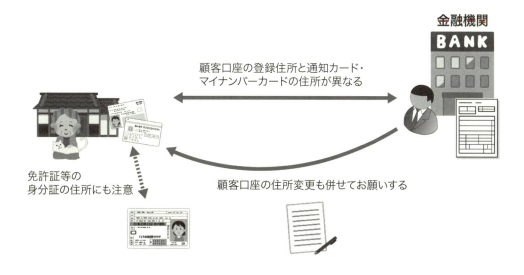

第4章

安全管理

Q4-1

マイナンバーの安全管理において留意すべき点は何ですか。

■ 金融機関は厳格な個人情報の安全管理を行っているので、基本部分は特定個人情報で求められる安全管理と差はない

金融機関がマイナンバーを含む特定個人情報を取り扱うに当たっては、個人情報委員会が定めた「特定個人情報の適正な取扱いに関するガイドライン」（事業者編：本文及び別添「特定個人情報に関する安全管理措置」）[1]及び「（別冊）金融業務における特定個人情報の適正な取扱いに関するガイドライン」[2]に則った安全管理を行う必要があります。

金融機関の場合、すでにお客様の個人情報に関しては金融庁が定める「金融分野における個人情報保護に関するガイドライン」に則って厳格なルールを策定しているので、マイナンバーを取り扱うからといって、特に新たな対応が求められるわけではありません。つまり、従前から行っているお客様の個人情報・個人データの取り扱いと基本的に同じ対応で問題ありません。

なお、平成27年9月9日に番号法とともに個人情報保護法が改正され、その改正を受けて「個人情報の保護に関する法律についてのガイドライン（通則編）」[3]及び「金融分野における個人情報保護に関するガイドライン」[4]、「金融分野における個人情報保護に関するガイドラインの安全管理措置等についての実務指針」[5]における個人情報の安全管理措置の考え方が、特定個人情報の安全管理措置の考え方と実質的に平仄をそろえる形で改訂されています。つまり、この改訂によって個人情報と特定個人情報との間で安全管理に関する考え方が原則一致することになったので、金融機関としても個人情報の安全管理に日頃から心がけていれば、基本的に問題が生じることはないと思います。

■ 個人情報保護法でカバーされない領域の対策が必要

ただし、特定個人情報を取り扱う事務の中には、個人情報保護に関するガイドラ

1　https://www.ppc.go.jp/files/pdf/my_number_guideline_jigyosha.pdf
2　https://www.ppc.go.jp/files/pdf/my_number_guideline_bessatsu.pdf
3　https://www.ppc.go.jp/files/pdf/guidelines01.pdf
4　https://www.ppc.go.jp/files/pdf/kinyubunya_GL.pdf
5　https://www.ppc.go.jp/files/pdf/zitsumushishin.pdf

インに規定のない安全管理措置等があります。それらにつては、以下のような対応が必要になります。

　たとえば、①取扱規程等に基づく運用状況を確認するためのシステムログ又は利用実績に関する記録の作成、②削除・廃棄等の作業を委託する際、委託先が確実に削除又は廃棄したことの証明書等による確認、③法令上の保存年限を経過したマイナンバーを含む特定個人情報の保管の禁止、等があります。こうした特定個人情報独自の取扱事務については、別途対応する必要があります。

安全管理措置における相違点

【ポイント】
- ✓ 個人情報保護法が求める安全管理措置と、番号法が求める安全管理措置とでは、その基本的な要素（漏えい、滅失又はき損の防止その他の安全管理のために必要かつ適切な措置）はおおむね共通するため、基本的な内容は同じ。
- ✓ ただ、番号法の安全管理措置には、一部、番号法固有の観点から講じることとされている措置もある。

	個人情報保護法の安全管理措置	番号法の安全管理措置
対　象	■個人データ（個情法§20）	□個人番号（番号法§12） □特定個人情報（番号法§33）
内　容	■個人データの漏えい、滅失又はき損の防止その他の個人データの安全管理のために必要かつ適切な措置 ※具体的な内容及び手法例（中小特例含む。）は、ガイドライン（通則編）で、組織的・人的・物理的・技術的等の観点から示している。 ※個人情報保護法では、右記のような「番号法固有の観点から講じなければならない措置」について義務付けられているわけではないが、自主的に当該措置を講じることも重要である。	□個人番号・特定個人情報の漏えい、滅失又は毀損の防止その他の個人番号・特定個人情報の安全管理のために必要かつ適切な措置 ※具体的な内容及び手法例（中小特例含む。）は、ガイドライン（通則編）で、組織的・人的・物理的・技術的等の観点から示している。 【番号法固有の観点から講じなければならない措置の例】 ・取扱規程等に基づく運用状況を確認するため、システムログ又は利用実績を記録 ・削除・廃棄等の作業を委託する場合、委託先が確実に削除又は廃棄したことについて、証明書等により確認

出所：「個人情報」と「特定個人情報」の主な違い（平成29年5月）個人情報保護委員会事務局
　　　https://www.ppc.go.jp/files/pdf/difference_kojin_tokutei.pdf

第1部 知っておきたい預貯金のマイナンバー対応Q&A

Q4-2

投資信託口座や海外送金のマイナンバー対応と安全管理面での違いはありますか。

■ 投資信託口座等で行っている安全管理と違いはない

すでにマイナンバー制度が始まって1年以上経過しているので、投資信託を扱う営業店等では日々の業務として、お客様のマイナンバーを取り扱っていると思います。2018年1月からは預貯金口座にも付番することになるわけですが、安全管理措置の対応に違いはなく、特別な対応は不要です。したがって、預貯金口座についても、今までどおりの安全管理措置を行っていけば問題はありません。

■ 口座数の違いや関係する職員の範囲が広がる点に注意

ただし、預貯金口座の場合、これまでの投資信託口座等と以下のような違いがあります。

① 対象となる預貯金口座数が多く、場合によっては膨大な量の特定個人情報を取り扱う可能性がある。
② 投資信託等の資産運用商品の担当者に比べて預貯金の担当者は人数が多く、しかも多様な職種にまたがっている。
③ 金融機関によっては、資産運用商品を扱わない営業店があるが、預貯金口座となると必ずマイナンバーを取り扱うことになる。

特に②に関してですが、営業店で窓口を担当する職員は何らかの形でマイナンバーを取り扱う可能性があります。したがって、営業店の中での安全管理措置の体制や仕組み等について、再度確認することが重要です。

第4章　安全管理

Q4-3

渉外時にマイナンバーを取り扱う際の留意点について教えてください。

■ 渉外時にマイナンバーの届出の申し出があったときは安全管理に注意

Q2-5でも説明したように、渉外担当がお客様先で「マイナンバーの届け出をしたい」と申し出を受けるケースもあると思います。この場合は、当該担当者が個人情報保護委員会の定める「特定個人情報の適正な取扱いに関するガイドライン」並びに「(別冊)金融業務における特定個人情報の適正な取扱いに関するガイドライン」(以下、事務ガイドライン) に則った安全管理措置を行うことになります。

■ 渉外担当者がマイナンバーを取り扱う可能性がある場合は、あらかじめ安全管理措置の準備等が必要

渉外担当者がマイナンバーを取扱う場合は、あらかじめ以下のような安全管理措置に基づく対応が必要になります。

(1)　組織的安全管理措置

① 取扱規程等の準備

渉外担当者が特定個人情報を取り扱う旨を取扱規程に明記し、その規程に則った運用を行うよう指示します。

② 漏洩事案等に際しての対応・体制の見直し

渉外担当者が営業店外等で特定個人情報を取り扱うことになると、必然的に漏洩リスクが高まるので、そのリスクを軽減する対応・体制を講じる必要があります。

(2)　人的安全管理措置

① 渉外担当者の教育並びに監督

渉外担当者が特定個人情報を適正に取り扱うよう、前もって取扱規程に基づいた教育を行う必要があります。また、渉外担当者が適切に運用しているかを上長等が監督する仕組みの整備も必要です。

59

⑶ 物理的安全管理措置
① 漏洩等の防止

　事務ガイドラインでは、「特定個人情報等が記録された電子媒体又は書類等を持ち運ぶ場合、容易に個人番号が判明しないよう、安全な方策を講ずる。」としたうえで、手法の例示として「特定個人情報等が記載された書類等を安全に持ち運ぶ方法としては、封緘、目隠しシールの貼付、追跡可能な移送手段の利用等が考えられる」としています。以上から、しっかりと封緘する、鍵付きのカバンで持ち運ぶといった紛失・盗難等に留意した対応が求められます。

■ 情報の受渡しの記録簿の作成も必要

　マイナンバーを受領する際、そのやり取りをしっかり記録簿に記入し、情報を共有することもリスク軽減につながります。個人情報保護員会の資料でも「記録を保存することは、取扱規程等に基づく確実な事務の実施、情報漏えい等の事案発生の抑止、点検・監査及び情報漏えい等の事案に対処するための有効な手段です。」としているので、記録簿の作成と適正な運用が求められます。

　不幸にして紛失・盗難が起きた場合、その影響範囲を最小限にとどめ、迅速に対策を実行することが求められるのはいうまでもありません。そのためにも、たとえば受領時、持ち帰った後の事務手続時等、できる限りきめ細かに記録することをお勧めします。

■ 安全管理上できる限り渉外担当者はマイナンバーを店外で取り扱わないこと

　前述したとおり、渉外担当者が特定個人情報を営業店外で取り扱うのは、安全管理上好ましくありません。**Q2-5**でも説明したように、たとえば届出書と本人確認書類等を添付して郵送できる届出キットなどをお客様に渡す、あるいは後日送付し直接事務センター等に郵送していただくといった対応をとることで、渉外担当者が直接特定個人情報を扱わないようにすることが望ましいと言えます。

第4章 安全管理

Q4-4

お客様のマイナンバーが漏洩した場合、どのように対応すればよいですか。

　マイナンバーを含む特定個人情報については、すべての金融機関がしっかりとした安全管理体制のもとで運用していると思います。しかし、さまざまな担当者が取り扱うことになるため、手続事務のミス等による紛失・漏洩等を100％確実に防ぐことはできません。万全の管理体制を敷くのはもちろんですが、あわせて紛失・漏洩等の事態に際して迅速・確実に対応できる体制作りもきわめて重要です。

■まずは監督当局（金融庁又は財務（支）局）に報告

　マイナンバーを含む特定個人情報の漏洩等が発生した場合、事業者は原則として個人情報保護委員会にすみやかに報告するよう努めるとされています。一方、金融庁が公表した「事業者における特定個人情報の漏えい事案等が発生した場合の対応について」[6]（平成27年特定個人情報保護委員会告示第2号）では、以下のとおり金融機関は監督当局である金融庁又は財務（支）局へ報告するよう求めています。

> 　特定個人情報については、社会保障等の分野で、個人情報を複数の機関の間で紐付けるものであり、これが漏えいした場合、個人情報の不正な追跡・突合が行われ、個人の権利利益の侵害を招くなど、二次被害の発生する可能性があるため、原則に則り、漏えい事案等が発生した場合、都度直ちにご報告いただくよう願いいたします（但し、明らかに二次被害の発生の可能性がない場合には、例外的に、Q&A付属の別紙様式2により、月に一回程度にまとめて報告しても差し支えありません。）

　以上から、たとえばマイナンバーを記載した書類を紛失した場合は、都度直ちに監督当局へ報告することになります。具体的には、このような事態が生じた場合は、発覚時点で把握している事案内容の第一報を直ちに個人情報保護委員会に報告します。そして調査結果を踏まえて事実関係を整理し、その原因分析結果をもとに再発防止策等を策定した時点で、正式な報告書を個人情報保護委員会に提出することになります（上記「特定個人情報の漏えい事案等が発生した場合の対応について」より）。

6　http://www.fsa.go.jp/news/27/syouken/20160203-2/tokutei_kojin.pdf

なお、当該漏洩事案に関する情報は、監督当局より個人情報保護委員会に通知されることになっています。

漏洩事案等の報告の流れ

■漏洩した特定個人情報が100人以上など、重大事態発生時は直ちに個人情報保護委員会に報告

一方、たとえば大量に特定個人情報が外部に漏えいする等の重大事態発生時には、直ちに個人情報保護委員会に報告することが義務付けられています（特定個人情報の漏えいその他の特定個人情報の安全の確保に係る重大な事態の報告に関する規則（平成27年特定個人情報保護委員会規則第5号））。

具体的には、以下の事態が重大事態の対象になります。

① 漏洩等した特定個人情報に係る本人の数が100人を超える事態
② 特定個人情報を電磁的方法により不特定多数の者が閲覧することができる状態となり、かつ閲覧された事態
③ 従業員等が不正の目的をもって、特定個人情報を利用し、又は提供した事態

たとえば、外部からの不正アクセス等によりお客様のマイナンバーに係る情報が大量に漏洩した場合等がこれに当たります。このような事態が生じた場合は、発覚時点で把握している事案内容の第一報を直ちに個人情報保護委員会に報告します。そして調査結果を踏まえて事実関係を整理し、その原因分析結果をもとに再発防止策等を策定した時点で、正式な報告書を個人情報保護委員会に提出することになります。

なお、前述した「特定個人情報の漏えい事案等が発生した場合の対応について」によると、以下のとおり個人情報保護委員会に直接報告を行った上で、併せて監督当局へも報告を行うことをされているので注意してください。

但し、この場合でも、これまでどおり、各業法及び個人情報保護法に基づき監督当局への報告も併せて必要となりますので、ご留意ください（番号法第 28 条の4に規定する重大事態等に該当し、委員会に直接報告を行う場合には、監督当局への報告の際にその旨もお知らせください）。

重大事案等が発生した場合の報告の流れ

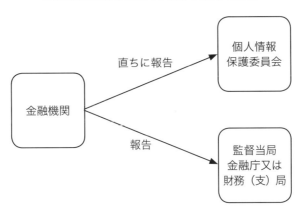

《重大事態の例》
① 漏洩等した特定個人情報に係る本人の数が100人を超える事態
② 特定個人情報を電磁的方法により不特定多数の者が閲覧することができる状態となり、かつ閲覧された事態
③ 業員等が不正の目的をもって、特定個人情報を利用し、又は提供したこと

第5章

管理者

第1部　知っておきたい預貯金のマイナンバー対応Q&A

Q5-1

管理者としてどのような点に留意すべきですか。

■ お客様への説明は丁寧にしっかりと行う

預貯金は、その口座数や日常的に取引が行われることからも明らかなように、各金融機関の中核となる商品・サービスです。この預貯金に付番することになるわけですから、お客様はもちろん、各金融機関にとっても非常に大きなインパクトがあります。

特に、預貯金付番に当たり、お客様に対して以下のことを丁寧に説明できるようにしておかないと、営業店等の現場で対応に苦慮する可能性があるので注意してください。

・原則すべての預貯金が対象になる
・マイナンバー・法人番号の届出は任意
・預貯金口座へのマイナンバーの届出は、従来の金融商品でのマイナンバーの届出と同様に本人確認手続が必要
・預貯金へ付番されたマイナンバーは、預金保険機構等の名寄せや行政機関の資力調査・税務調査で利用する

今後、政府や全国銀行協会等の各種団体が預貯金付番に関する広報活動を行うことになっているようですが、あくまでも広報なので、問合せは最寄りの金融機関に寄せられると思います。それだけに各金融機関においては、そうしたお客様からの問合せに対して、担当者がお客様に説明できるよう周知徹底を図る必要があります。

■ お客様・口座・担当者の広がりに注意

すでに各金融機関では、投信口座や海外送金等の業務においてマイナンバーを取り扱っていますが、対象となるお客様の数は限定的です。しかも営業店で投信口座を取り扱うのは資産運用担当者に限定されるので、関係する職員数もそれほど多くはありません。

しかし、預貯金への付番となると、商品の性質上、対象となるお客様・口座・担当者が一気に拡大します。特に注意していただきたいのは、預貯金だけの取引を行っているお客様の中には、金融知識に詳しくないお客様が少なからずいるということ

66

です。こうしたお客様に対して、「2018年1月から預貯金に対してマイナンバーを付番することになったこと」「任意であること」「届出の手続には本人確認が必要なこと」等を丁寧に説明するためには、前もって各営業店並びに担当者に対して周知徹底を図る必要があります。

■特定個人情報に対する安全管理措置にも留意

もう1つマイナンバーを含む個人情報は、個人情報保護法における特定個人情報に該当するので、厳格な安全管理が求められます。具体的には、個人情報保護委員会が定める「特定個人情報の適正な取扱いに関するガイドライン（事業者編）」並びに「（別冊）金融業務における特定個人情報の適正な取扱いに関するガイドライン」に沿った安全管理対策が義務付けられています。

もちろんマイナンバーの取り扱いについては、従来からこうした安全管理措置に則った対応を行ってきたと思いますが、預貯金への付番となると事務量や対象者が一気に拡大します。各金融機関においては、改めて以下の各措置について対応策を検討し、必要な見直しを行う必要があります。

組織的安全管理措置	人的安全管理措置	物理的安全管理措置	技術的安全管理措置
・組織体制の整備 ・取扱規程等に基づく運用 ・取扱状況を確認する手段の整備 ・情報漏洩等事案に対応する体制の整備 ・取扱状況の把握及び安全管理措置の見直し	・事務取扱担当者の監督 ・事務取扱担当者の教育	・特定個人情報等を取り扱う区域の管理 ・機器及び電子媒体等の盗難等の防止 ・電子媒体等を持ち出す場合の漏洩等の防止 ・個人番号の消去、機器及び電子媒体等の廃棄	・アクセス制御 ・アクセス者の識別と認証 ・外部からの不正アクセス等の防止 ・情報漏洩等の防止

Q5-2 預貯金への付番対応において、管理者として留意すべき点は何ですか。

■基本的に投信口座や海外送金の対応と相違はない

マイナンバーの届出手続は、投信口座や海外送金の手続と同じです。

すでに投信口座等で行っているように、

・お客様本人のマイナンバーの届出
・本人確認手続（番号確認と身元確認）

を行います。

これらの手順は、預貯金付番でも変わりません（但し、預貯金付番ではマイナンバーの届出は任意です）。

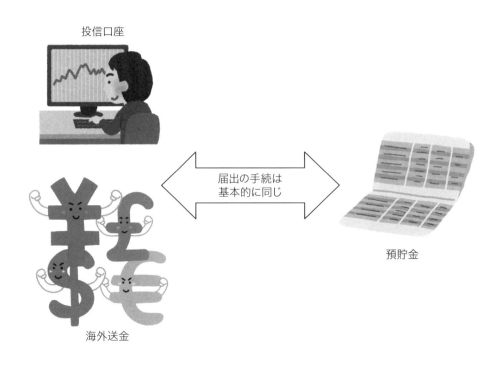

第5章 管理者

■ 預貯金という主要商品であることに注意

上述したように手続は同じですが、預貯金という主要商品であることに注意が必要です。具体的には、以下の点に注意して対応策を検討する必要があります。

・原則、金融機関のすべてのお客様がマイナンバーの届出対象となる。
・投信口座の場合は取扱店舗が限定されるが、預貯金となるとすべての営業店での対応が必要になる。
・マイナンバーを取り扱う担当者の範囲が大幅に拡大する。

Q5-1で解説したように、マイナンバー並びにマイナンバーを含む個人情報は個人情報保護法により、特定個人情報として厳格な管理が求められています。仮に違反すると厳しい罰則の対象となり、最悪の場合、会社の存続を脅かしかねない事態にもなりかねません。それだけに、管理者としては事務体制等を見直すとともに、各営業店に対して取扱手順等を周知徹底させる必要があります。

■ お客様に丁寧に説明できるよう周知徹底する

預貯金への付番は、原則すべての金融機関のお客様が対象となるので、金融知識に詳しくないお客様も対象になります。そのため、こうしたお客様からさまざまな不安や疑問が寄せられる可能性があるので、前もって以下のよう対応策を検討することをお勧めします。

・広報資料の作成（ポスター等）
・お客様への説明用資料（パンフレット・案内等）の作成と配布（DM等）
・想定されるお客様からの質問に対して、基本となる回答を示したQA集の作成

69

Q5-3

支店・営業所の職員に対して、どのような注意喚起が必要ですか。

■ まずは、お客様への丁寧な説明が必要

Q5-1、Q5-2でも説明したとおり、預貯金のみの取引を行っているお客様の中には、金融知識に詳しくないお客様が少なからずいます。こうしたお客様に対して、「2018年1月から預貯金に対してマイナンバーを付番することになったこと」「任意であること」「届出の手続には本人確認が必要なこと」等を丁寧に説明する必要があるので、前もって各支店・営業所並びに担当者に対して周知徹底を図ることが極めて重要です。特に支店・営業所の担当者の場合、常日頃接しているお客様に対して説明することになるので、くれぐれも誤った説明や対応をすることのないよう事前に周知徹底する必要があります。

■ お客様からさまざまな問合せが寄せられる可能性大

預貯金に付番することになるため、おそらく多くのお客様から不安や疑問の声が寄せられると思います。こうした問合せ等に対して誤りなく、かつわかりやすく説明したQA集を本部で作成し、各営業店担当者に配布するのも1つの方法だと思います。

■ 今一度マイナンバー並びに特定個人情報の安全管理に留意

金融機関によっては、従来からマイナンバーの付番が必要だった投資信託等の商品・サービスを扱っていない営業店があると思います。こうした営業店でもマイナンバーを取り扱うことになるので、全職員を対象に事務手順を周知させるとともに、担当者を対象に預貯金への付番対応に関する研修等を行うことをお勧めします。その際、特にマイナンバー並びに特定個人情報の取り扱いに注意するよう徹底してください。大規模な情報漏洩につながる可能性もあるので、目的外利用の禁止はもちろんですが、安全管理措置等に不備が生じることのないよう、今一度周知徹底することをお勧めします。

Q5-4
マイナンバーの取り扱いに資格は必要ですか。

■ 資格がなくてもマイナンバーを取り扱うことは可能

　最近、さまざまな協会や団体がマイナンバーの取り扱いに関する通信教育・講習会・検定試験等を行っています。中には検定試験の合格者に対して資格を授与しているケースもありますが、こうした資格はマイナンバーの取り扱いに必須ではありません。

　前述した個人情報保護委員会のガイドラインでも、マイナンバーの取り扱いに関する人的安全管理措置について「事業者は、事務取扱担当者に、特定個人情報等の適正な取扱いを周知徹底するとともに適切な教育を行う」としているだけです。つまり、どのような教育を行うべきか等に関する規定はなく、手法の例示として「特定個人情報等の取扱いに関する留意事項等について、従業者に定期的な研修等を行うことが考えられる」としているだけです。

　こうしたことからも明らかなように、資格がなくても、適切な教育を受けた事務取扱担当者であればマイナンバーを取り扱うことができます。とはいえ、資格取得に関わる教育を受けることは、ガイドラインが定める「適切な教育」につながるの

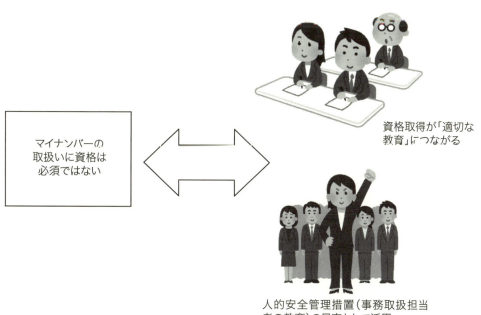

資格取得が「適切な教育」につながる

マイナンバーの取扱いに資格は必須ではない

人的安全管理措置（事務取扱担当者の教育）の目安として活用

第1部　知っておきたい預貯金のマイナンバー対応Q&A

もまた事実です。もちろん資格取得に関わる教育を受けたことが、必ずしも「適切な教育」を受けたこととイコールではありませんが、各種協会・団体が行っている資格取得に係る教育の多くがガイドラインに沿った内容になっているので、少なからず有益な情報が得られると思います。

■ 人的安全管理の一つの目安として活用を

ただし、こうした資格を取得すれば十分かというと、そうとも限りません。なぜなら、こうした資格で得られるのは一般的な知識だけだからです。たとえば、金融機関におけるマイナンバーの事務及び取扱手順は、金融機関ごとに作成した取扱規程に基づいて行われているので、事務取扱担当者に対する教育も金融機関ごとに違います。

このように金融機関ごとに事務対応が異なるので、マイナンバーに関わる資格はあくまでも一般的な取り扱いに関する知識を習得した者という位置づけにとどめるべきです。

第6章

広　報

Q6-1 預貯金付番に関して、どのような広報が考えられますか。

■ 全国銀行協会等が広報を実施

すでに全国銀行協会が広報用のポスターやリーフレット等を作成・公開しています。これらの資料を、各金融機関がお客様に配布することも可能です。

広報用ポスター

出所：全国銀行協会 https://www.zenginkyo.or.jp/fileadmin/res/article/F/8188_poster.pdf

■ 金融機関にも積極的な周知活動が求められている

各金融機関においても、お客様に対して積極的に周知活動を行うことが求められています。具体的に例示すると、以下の取組みが考えられます。

・上記を含むポスター・リーフレットの作成とその掲示・設置
・ATMの取引画面や自社のウェブサイトでの案内
・広報チラシとマイナンバーの届出に関する書類を同封した案内状をお客様宅へ郵送

第6章　広　報

広報用リーフレット

出所：全国銀行協会　https://www.zenginkyo.or.jp/fileadmin/res/article/F/8188_leaflet_01.pdf

■すでに他業務で取得済みの場合は、マイナンバーの提供がなくても預貯金口座に付番される

　なお、すでに投信口座等でマイナンバーを届け出ているお客様の場合、当該金融機関が特定個人情報の利用目的を変更すれば、預貯金の付番に利用することは可能です。ただし、事前にお客様にお知らせすることなく利用すると、お客様から「届け出ていないのに付番されている」といった問合せが寄せられる可能性があります。こうした問合せが、結果的に信用問題に発展する可能性もあるので、できるだけ前もって広報等でお知らせするべきです。

Q6-2

既存預貯金の付番について、どのような広報が望まれますか。

■ まずは制度の周知徹底を行う

口座開設を新規に行うお客様の場合は、申込みの際、マイナンバーの届出に関して十分説明することができるので理解いただけると思います。一方、既存口座のお客様の場合は、必ずしも直接説明できる機会は多くないと思います。店頭での手続（住所変更等の手続）、あるいはローカウンター来訪時等の機会をとらえて説明することになると思いますが、これだけでは多くのお客様に周知することはできません。たとえばマイナンバーの届出に関するパンフレットを郵送するなど、既存のお客様に対する広報についても各金融機関で検討するべきです。

■ 付番は任意であることを理解いただく

なお、今回の預貯金に対するマイナンバー付番の届出はあくまでも任意です。このことをお客様に説明すると同時に、希望しない場合は届け出ないことも可能だということを、きちんと伝えるようにしましょう。

第6章 広　報

投信のお客様に対して、どのような広報をすればよいですか。

■ すでに投信口座でマイナンバーの届出を行っている場合、預貯金の付番に利用できる

　個人情報保護委員会が策定した「(別冊)金融業務における特定個人情報の適正な取扱いに関するガイドライン」(最終改正：平成29年5月30日)では、マイナンバーの提供を求めることができる範囲について、以下のとおり制限しています。

> 3-(2)　個人番号の提供の求めの制限、特定個人情報の提供制限
> ① 　提供の求めの制限(番号法第15条)
> 　何人も、番号法第19条各号のいずれかに該当し特定個人情報の提供を受けることができる場合を除き、他人の個人番号の提供を求めてはならない。
> 　金融機関が、金融業務に関連して個人番号の提供を求めることとなるのは、お客様に対し、支払調書作成事務等のために個人番号の提供を求める場合に限られる。
> ＊ 　金融機関は、支払調書作成事務等を処理する目的で、お客様に対し、個人番号の提供を求めることとなる(番号法第19条第3号に該当)。一方、法令で定められた支払調書作成事務等を処理する場合を除き、個人番号の提供を求めてはならない。
> 　　　　　　　　　　　　　　　　　　　　　　　　　　(ガイドライン：11ページ)

　その一方で、利用目的を超えて個人番号を利用する必要が生じた場合について、以下のとおり利用できるとしています。

> 1　特定個人情報の利用制限
> 1-(1)　個人番号の利用制限
> 　B　利用目的を超えた個人番号の利用禁止
> 　　a　利用目的を超えた個人番号の利用禁止(番号法第30条第3項により読み替えて適用される個人情報保護法第16条第1項)
> 　(途中略)
> 　　したがって、個人番号についても利用目的(個人番号を利用できる事務の範囲で特定した利用目的)の範囲内でのみ利用することができる。利用目的を超えて個人番号を利用する必要が生じた場合には、当初の利用目的と関連性を有すると合理的に認められる範囲内で利用目的を変更して、本人への通知等を行うことにより、変更後の利

用目的の範囲内で個人番号を利用することができる（個人情報保護法第15条第2項、第18条第3項）。

(ガイドライン：2ページ)

上記により、①マイナンバーの提供を受けることができる場合を除き、他人の個人番号の提供を求めてはいけないこと、②利用目的ごとにマイナンバーの届出が必要になること、③利用目的の変更により、すでに取得したマイナンバーを変更後の利用目的の範囲内で利用することができることになります。したがって各金融機関は、これを根拠に利用目的の変更を通知・公表することによって、すでに投信口座等で取得したマイナンバーを預貯金の付番に利用することになります。

■あらかじめきめの細かい広報・説明が求められる

ただし、そのことを知らないお客様から自分から届出を行っていないのになぜそのような対応をするのかといった疑問の声が寄せられる可能性は否定できません。もし、そうした疑問が寄せられた場合は、まず今回の預貯金口座へのマイナンバー付番の意義を説明し、そのうえで個人情報保護委員会のルールに則って対応をした旨を丁寧に説明する必要があります。

ただ金融機関の信用という面からすれば、こうした対応はできるだけ避けるべきです。そうした疑問の声が寄せられる前に、①あらかじめお客様に郵送等で通知する、②営業店にポスターを掲示したり、パンフレットを設置する、③お客様の理解を得るための広報活動等を積極的に行う、④本年中に来店されたお客様に対して、あらかじめ預貯金の付番に利用することを説明する、といった対応が望まれます。

Q6-4

預貯金付番に関して、今後どのような制度改正が予定されていますか。

■付番開始後３年を目途に見直しを行う

預貯金付番については、今回の改正法の付則に付番開始後３年を目途に制度見直しを行う、と明記されています。これが意味するところは、任意での付番が必ずしも進まなかった場合、制度そのものを見直すことも視野に入れるということです。換言すれば、すべての既存口座にマイナンバーを付番することを義務付けるということだと思われます。

■預貯金付番が義務化される可能性もある

実際に番号法改正案を閣議決定した際、法律を担当する金融担当大臣が記者会見の席で付番状況によっては義務化も視野に入れると発言しています。もし、すべての既存口座にマイナンバーを付番することが義務付けられれば、金融機関の事務負担量は間違いなく膨大になります。こうした事態を避けるためにも、既存口座のお客様に対して随時マイナンバーを届け出ていただくよう働きかけることが重要です。

第2部

お客様からよくある問合せ Q&A

第1章

マイナンバー制度全般

Q1-1

そもそもマイナンバー制度って何ですか。

■ マイナンバーは社会保障・税・災害対策分野で利用する共通番号

本来、番号（マイナンバー）制度とは、複数の機関に存在する個人の情報を同一人の情報であることを確認するための社会基盤（インフラ）として、国民全員に一意の個人番号を割り当てて利用する制度のことです。一方、今回日本が導入したマイナンバー制度は、正式名称が「社会保障・税番号制度」となっていることからも明らかなように、「社会保障・税制度の効率性・透明性の確保」と「国民にとって利便性の高い公平・公正な社会の実現」を目指す限定的な制度です。

つまり、まずは社会保障・税及び災害対策の分野において利用することを目的に、各個人及び企業にそれぞれ固有の番号を割り振り、その番号を行政手続等において利用することになります。割り振られる番号には個人番号（12桁の数字）と法人番号（13桁の数字）があり、それぞれ個人と法人に割り当てられます。この2種類の番号のうち、主に個人番号のことをマイナンバーと呼称します。

今回利用する社会保障・税および災害対策の分野のうち、特に社会保障・税分野は国民一人一人に密接かつ直接影響を及ぼします。しかも誰もが生涯を通じてさまざまな場面で利用することになるので、きわめて重要な社会基盤（インフラ）と言えると思います。

なお、国は「社会保障・税番号制度」とは別に「マイナンバー制度」という愛称をつけています。なぜこうした愛称をつけたかというと、社会保障・税・災害対策以外の分野でもマイナンバーを利活用したいと考えているからです。つまり、水道や通信などと同じ「社会インフラ」として、さまざまなシーンでマイナンバーを利用することによって、私たちの生活が便利で豊かになると考えているわけです。

■ 利用できるのは法律で定められた利用範囲のみ

マイナンバーは、法律で定められた範囲以外で利用することはできません。これは番号を収集する企業等だけでなく、役所等の行政機関も同様で、もし目的外で利用すると、法律により厳しい罰則が課されます。この罰則規定によって、マイナンバーの安全性が確保されているわけです。

第1章 マイナンバー制度全般

マイナンバー制度は、行政を効率化し、国民の利便性を高め、公平・公正な社会を実現する社会基盤です。

公平・公正な社会の実現
所得や他の行政サービスの受給状況を把握しやすくなるため、負担を不当に免れることや給付を不正に受けることを防止するとともに、本当に困っている方にきめ細かな支援を行うことができます。

行政の効率化
行政機関や地方公共団体などで、様々な情報の照合、転記、入力などに要している時間や労力が大幅に削減されます。
複数の業務の間での連携が進み、作業の重複などの無駄が削減されます。

国民の利便性の向上
添付書類の削減など、行政手続が簡素化され、国民の負担が軽減されます。
行政機関が持っている自分の情報を確認したり、行政機関から様々なサービスのお知らせを受け取ったりできます。

出所:「マイナンバー 社会保障・税番号制度 概要資料」内閣官房(2017年7月発行)
http://www.cao.go.jp/bangouseido/pdf/seidogaiyou_2907.pdf

■ すべての住民に付番される

　前述したようにマイナンバーは、社会保障・税番号制度によって各人に付番される個人番号で、それぞれ別々の数字が指定されます。付番の対象者は以下の方々で、それぞれお住まいの自治体から通知されます。

【付番の対象】
　住民票に住民票コードが記載されている日本国籍を持つ者、および中長期在留者、特別永住者等の外国人住民

　一言で言えば、住民登録をしている人は、日本人であろうと外国人であろうと、すべて対象になるということです。たとえば、留学生をアルバイトに雇うと、基本的に留学学生もマイナンバーを持っているので、手続の際、その番号を取得する必要があります。一方、海外に在住している場合は、たとえ日本人であっても対象にはなりません。
　また、法人番号は13桁の数字で、法人それぞれに別々の数字が指定され、国税

第2部 お客様からよくある問合せQ&A

庁から通知されます。付番の対象は以下のとおりです。

【付番の対象】

　税手続等で付番された団体（詳しくは**Q2-4**参照）

　以上見てきたとおり、マイナンバー制度には、個人番号と法人番号の2つの番号があります。ただし、通常マイナンバーと呼ばれるのは個人番号の方で、単に一マイナンバーと呼ぶ場合は個人番号を指します。

Q1-2

なぜ預貯金もマイナンバー制度の対象になったのですか。

■マイナンバー制度の開始時は対象外

Q1-1で解説したとおり、マイナンバー制度は法によって番号が利用できる範囲を税・社会保障・災害対策分野に限定しています。さらに税分野でも、たとえば金融商品の場合、対象となるのは個人単位の税務手続を必要とする金融商品だけで、当初預貯金は対象外でした。

なぜ預貯金は対象外とされたのかというと、それは預貯金の場合、源泉分離課税制度が適用されるため利子所得に関する法定調書を個人単位で提出する必要がないからです。つまり、税務手続の仕組みが他の金融商品とはまったく異なるため、制度開始時点では対象外とされたのです（注：法人名義の定期預金については、一定額以上の利子の支払いを受ける場合に支払調書が作成されるため法人番号が必要になります）。

■預金保険のペイオフ対応や行政機関が行う資力調査、税務調査等で利用

以上の理由から、預貯金を対象外としたままマイナンバー制度に関する法律（番号法）は、2013年5月に成立しました。しかしながら、引き続き金融商品の中で大きなウェイトを占める預貯金についても対象とするべきではないかという議論が関係者の間で検討され、結果的に法律が施行される前の2015年9月に、以下の目的で利用することを可能にする改正番号法が成立することとなったのです。

① 預金保険機構によるペイオフの際、名寄せ等に活用する
② 行政機関が行う資力調査や税務調査の際に利用する

なお、改正番号法により利用できることになるのは上記の目的だけで、それ以外の目的で預貯金に付番されたマイナンバーを利用することはできません。たとえば、金融機関がお客様管理を目的にマイナンバーを利用すると厳しい罰則が課されるので注意してください。

■まずは任意でスタートし、3年後を目途に制度見直しも

ご存知のとおり2018年1月から預貯金へのマイナンバー付番はスタートします

が、他の金融商品とは違い、預貯金に関する届出は任意です。これは、預貯金の口座数が他の金融商品と比較して極めて膨大だからだと思われます。つまり、最初からすべての口座にマイナンバーを付番するとなると、口座保有者への周知や手続事務等、金融機関側の事務負担が極めて重くなるからだと思われます。

ただし、その一方で改正番号法には預貯金付番がスタートして3年後を目途に見直しを行う旨も明記されています。換言すれば、預貯金付番の進捗状況によっては義務化を行う可能性もあるという、極めてセンシティブな表現になっていることに注意してください。

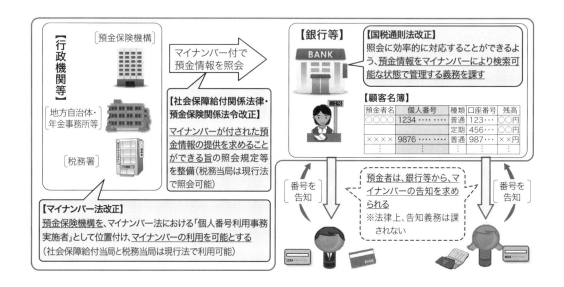

出所：「預貯金付番に係る法整備の概要」財務省

第1章　マイナンバー制度全般

Q1-3

マイナンバーはどのような分野で利用するのですか。

■マイナンバーは社会保障・税・災害支援の分野で利用

マイナンバー制度は、行政を効率化し、国民の利便性を高め、公平・公正な社会を実現する社会基盤として整備されました。

マイナンバーの利用分野は、マイナンバー制度に係る法律（番号法）により社会保障・税・災害対策の3つの分野に限定されています。

具体的には、以下の手続で利用されます。

・社会保障に係るさまざまな手続（福祉・健康保険・年金、雇用保険など）
・税に係るさまざまな手続（確定申告、源泉徴収など）
・災害対策に係る手続（被災者台帳作成など）

■2018年1月からはペイオフ対策等の分野で預貯金も利用

番号法は施行前の2015年9月に改正され、預貯金に関しても、以下の分野で利用することになりました。

・預金保険機構等によるペイオフに係る名寄せ
・行政機関が行う資力調査や税務調査

なお、これらの分野での利用は2018年1月より開始されます。

■今後は旅券や戸籍分野でも利用する予定

マイナンバーの利用範囲を拡大するためには番号法の改正が必要です。今後は、以下の分野で利用するための改正が行われる予定です。

・戸籍事務
・旅券事務　等

89

第2部　お客様からよくある問合せQ&A

Q1-4

マイナンバーとマイナンバーカードの違いは何ですか。

■ マイナンバーは全住民に付番された番号

「マイナンバーとマイナンバーカードは何が違うのでしょうか」「マイナンバーカードがないとマイナンバーは使えないのでしょうか」といった質問をよく聞きます。確かにわかりづらいですね。どのような違いがあるのか、簡単に説明しましょう。

まず、マイナンバーですが、これは12桁の数字が並んだ番号のことで、「個人番号」とも呼びます。この番号は、日本に住むすべての住民が持つ個別の番号で、国により自動的に指定されます。すでに読者の皆さんも、最寄りの自治体から通知カードという書類を受け取ったと思いますが、その通知カードに記載された番号が「マイナンバー」です。

このマイナンバーを利用することで、行政事務の効率化や行政手続の簡素化を図ろうというわけです。ただし、利用分野はマイナンバー制度に係る番号法で社会保障・税・災害対策等の分野に限ると厳格に規定されています。

具体的にどういう場面で利用するかというと、主に行政窓口での手続(ワンストップサービス)や金融機関での手続、勤務先で行う税に関する手続等でマイナンバーを利用することになります。

なお、マイナンバーは住所地の自治体経由で国が自動的に付番するので、申請等の手続をする必要はありません。

■ マイナンバーカードは申請すると交付されるカード

一方、マイナンバーカードはいわゆる「カード」です。自治体から通知カード(紙製)が送付された後、各人が申請することによって交付される顔写真入りのプラスチック製のカードで、内部にICチップが内蔵されています。

このマイナンバーカードの表面には本人の顔写真とともに氏名、住所、生年月日、性別が記載されているので、身分証明書として利用することができます。マイナンバー(個人番号)が記載されているのは裏面です。したがって、たとえばレンタルショップで身分証としてコピーする場合も、裏面なのでマイナンバーはコピーされません。

すでに皆さんの中にはNISA等の契約の際、お客様からマイナンバーを届け出て

もらった経験がある方も少なくないと思います。その際、マイナンバーカードがあればマイナンバーの確認と本人確認を1枚で行うことができるわけです。

■マイナンバーは必ず付番されるが、マイナンバーカードは希望者のみ

　以上のとおり、マイナンバーは国がすべての住民を対象に自動的に番号を指定するので、すべての住民（住民票の届出を行っている方）が必ず番号を受け取ることになります（ただし、海外在住の方は住民票がないので番号を受け取ることはありません）。

　一方、マイナンバーカードは本人がお住まいの自治体に申請手続をすることで初めて交付してもらえるカードなので、自ら交付を希望しなければ発行されません。

　つまり、マイナンバーとマイナンバーカードの違いは、「マイナンバーはすべての住民が持っているが、マイナンバーカードは希望者のみ」ということです。

通知カード	マイナンバーカード（個人番号カード）
 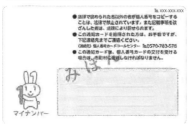	 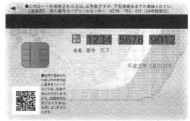
・紙のカード（写真なし）、個人番号カードを受け取るときには市町村に返還 ・有効期限はなし ・番号の確認のみ可能（別に運転免許証など写真付き身分証明書などが必要） ・一般の身分証明書としては使用できない	・プラスチック製のカード（写真付き） ・初回交付は無料（再発行は原則有料） ・有効期限は10年（20歳未満は5年） ・番号の確認と身元の確認が1枚で可能 ・一般の身分証明書として使用可 ・ICチップを使ったさまざまな便利な機能（自分で設定する暗証番号が必要）

出所：「マイナンバー　社会保障・税番号制度　概要資料」内閣官房（2017年7月発行）
　　　http://www.cao.go.jp/bangouseido/pdf/seidogaiyou_2907.pdf

Q1-5 マイナンバーカードがないと手続はできないのですか。

■ マイナンバーの手続はマイナンバーカードがなくても通知カードで可能

よく「マイナンバーカードがないとマイナンバーの手続はできないのですか」といった話を耳にしますが、カードがなくても手続は可能です。ただし、マイナンバーを提示する際に行う「本人確認手続」が煩雑になります。本人の写真が添付されているマイナンバーカードであれば、表面で本人確認を行い、裏面でマイナンバーを確認することができるので、この1枚で済みます。

一方、マイナンバーを持っていない場合は、本人確認に必要な顔写真付き身分証（免許証やパスポート）と、通知カードあるいはマイナンバーが記載されている住民票の写し等が必要になります。今後、勤務先をはじめ金融機関、行政窓口等にマイナンバーを届け出る機会が増えるのは間違いないので、お客様に対してできるだけ早くマイナンバーカードを取得することをお勧めするべきです。

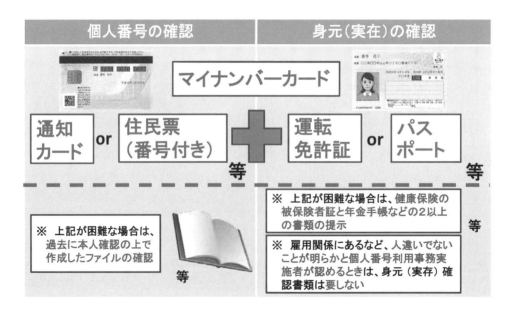

出所：「マイナンバー　社会保障・税番号制度　概要資料」内閣官房（2017年7月発行）
http://www.cao.go.jp/bangouseido/pdf/seidogaiyou_2907.pdf

■マイナポータルを利用するにはマイナンバーカードが必要

　一方、マイナンバー制度の一環として政府が提供するネット上のサービス「マイナポータル」を利用するには、マイナンバーカードが必要です。すでに認可保育所の入所申請をマイナポータル上で行える「子育てワンストップサービス」等の便利なサービスが行われていますが、今後も官民問わずさまざまな分野でマイナポータルを利用したサービスの提供が予定されています。

出所：内閣府　http://www.cao.go.jp/bangouseido/ad/card_start_contents.html#oss

■今後利用範囲が広がるマイナンバーカードの早期申請をお勧めする

　前述したとおり、今後さまざまな分野のサービスがマイナポータルを通して提供されることになります。単にマイナンバーを届け出る、つまり手続だけであればマイナンバーカードを取得する意味はあまりありませんが、今後は間違いなくマイナポータルを通してさまざまなサービスをオンラインで利用できるようになります。そうした説明をすることで、できるだけ早い時期にマイナンバーカードの交付申請を行うことをお客様にお勧めください。

第2部　お客様からよくある問合せQ&A

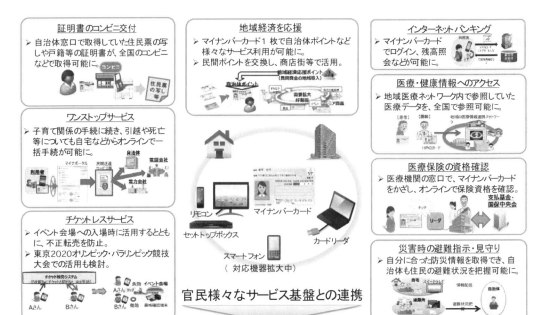

出所：「マイナンバー　社会保障・税番号制度　概要資料」内閣官房（2017年7月発行）
　　　http://www.cao.go.jp/bangouseido/pdf/seidogaiyou_2907.pdf

Q1-6

今後、どのような分野がマイナンバー制度の対象になる予定ですか。

■旅券や戸籍も対象になる予定

マイナンバーの利用が始まったのは2016年1月、まずは社会保障・税・災害対策分野から始まりました。そして2018年1月から預貯金への付番が始まるわけですが、今後はどのような分野に拡大されるのでしょうか。現時点では、以下の分野でマイナンバーを利用する予定です。

① 戸籍事務
② 旅券事務
③ 在外邦人の情報管理業務　等

なぜ上記の分野なのかというと、たとえば①の戸籍事務の場合、マイナンバーを利用することによって、申請時に必要な戸籍証明書を取得する必要がなくなるといったメリットがあるからです（下図参照）。現行制度では、住所地と本籍地が異なる方が行政機関の窓口で申請手続を行う場合、申請内容によっては戸籍証明書が

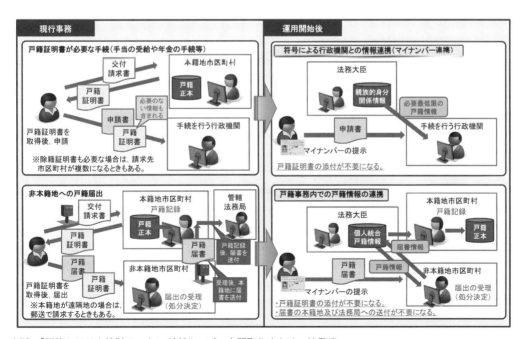

出所：「戸籍システム検討ワーキンググループ　中間取りまとめ」法務省
http://www.moj.go.jp/content/001223491.pdf

必要になり、本籍地から郵送などで取り寄せるといった手間がかかります。マイナンバーを利用すれば、そうした手間が省けるというわけです。

■医療分野でもマイナンバーと同等の仕組みを検討

医療分野でもマイナンバーとを合わせる形で共通番号の導入に向けた検討が進んでいます。ただし、医療分野で利用するのはマイナンバーそのものではなく、医療分野専用の番号が付番される予定です。なお、この医療分野の番号は、2018年度から段階的に運用を開始する予定です。

また現在、国が積極的に交付に取り組んでいるマイナンバーカードを健康保険証として利用することについても、2018年度から順次開始される予定です。

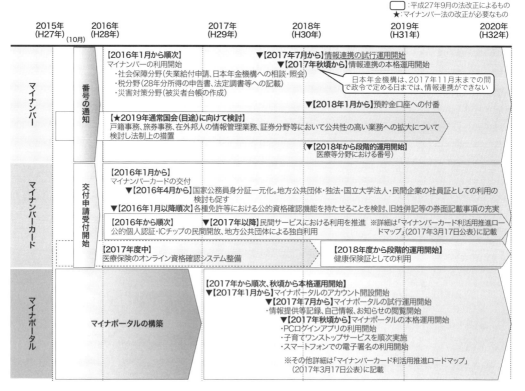

出所：「マイナンバー　社会保障・税番号制度　概要資料」内閣官房（2017年7月発行）
http://www.cao.go.jp/bangouseido/pdf/seidogaiyou_2907.pdf

■法人番号も消費税の軽減税率制度導入で予定されるインボイスに利用する予定

個人番号＝マイナンバーとともに、法人番号もすでに税務手続等で利用されています。この法人番号の利用範囲についても、今後飛躍的に拡大する可能性があります。

第1章　マイナンバー制度全般

　たとえば、再三引き伸ばされてきた消費税率の引き上げですが、現段階では平成31年に引き上げる予定です。その際、同時に軽減税率制度も導入されることになっており、当初こそ簡素な課税方式によって運用されますが、平成35年10月以降は適格請求書等保存方式（いわゆるインボイス制度）が導入される予定です。具体的にどういう手続になるかと言うと、事業者は消費税の仕入税額控除を受けるために「適格請求書等」と呼ばれる請求書を発行し、それを保存しなければならなくなります。つまり、事業者は適格請求書等に「登録番号」を記載することが義務付けられるわけです。

　この「登録番号」の生成に、「法人番号」が利用させることになると思われます。このように、今後法人番号の利用範囲は飛躍的に広がることが予想されます。

4　適格請求書等保存方式（いわゆるインボイス制度）（平成35年10月1日〜）

課税事業者・免税事業者の方

　平成35年10月1日以降は、区分記載請求書等の保存に代えて、「適格請求書等」の保存が仕入税額控除の要件となります（適格請求書等保存方式（いわゆるインボイス制度））。

○適格請求書等を発行できる事業者は、税務署長に申請して登録を受けた課税事業者（適格請求書発行事業者）

　（注）申請受付は、平成33年10月1日からとなります。

○適格請求書等には、区分記載請求書等の記載事項に加え、「登録番号」、「税抜価額又は税込価額を税率ごとに区分した合計額及び適用税率」、「消費税額等」の記載が必要

○適格請求書発行事業者には、取引の相手方である課税事業者から求められた場合、適格請求書等の交付及び写しの保存を義務付け

※平成28年11月の税制改正により、適格請求書等保存方式の導入時期は、「平成33年4月1日」から「平成35年10月1日」に変更されました。

免税事業者等からの課税仕入れに係る経過措置

　事業者が国内において適格請求書発行事業者以外の者から行った課税仕入れについては、区分記載請求書等と同様の事項が記載された請求書等及び帳簿を保存している場合に、以下のとおり仕入税額相当額の一定割合を仕入税額として控除できます。

期間	割合
平成35年10月1日から平成38年9月30日まで	仕入税額相当額の80%
平成38年10月1日から平成41年9月30日まで	仕入税額相当額の50%

出所：「消費税の軽減税率制度」国税庁
　　　https://www.nta.go.jp/zeimokubetsu/shohi/keigenzeiritsu/pdf/01.pdf

Q1-7

マイナンバーによってどのような分野で利便性が高まるのですか。

■ 社会保障・税・災害対策分野における行政手続の効率化が目的

当初、マイナンバーは社会保障・税・災害対策の分野における行政手続の効率化を目的に導入され、以下のメリットがあるとされました[1]。

① 行政を効率化し、人や財源を国民サービスに振り向けられる。

② 社会保障・税に関する行政の手続において添付書類を削減することができる。また、マイナポータル（**Q1-8**参照）のお知らせサービスを充実させることによって、国民の利便性を向上させることができる。

③ これまで以上に所得を正確に把握することで、きめ細やかな社会保障制度を設計できる。同時に公平・公正な社会を実現することができる。

■ 税や社会保障分野の手続が簡単に

②について、もう少し具体的にいうと、これまでは行政機関へ申請する手続の中に各種証明書の添付を必要とするものがありましたが、マイナンバーで情報を紐付けることによって証明書を添付する必要がなくなります。同一機関はもちろん、国と自治体、自治体間でも情報を利用できるようになるので、わざわざ他の機関に行って書類をもらったり、同じ役所内をあちこち回って書類をそろえるといった手間が省けるわけです。行政機関にとっても、情報のやり取りが簡単かつ正確にできるので、効率化に資すると期待されています。

---

1 「わかりやすいマイナンバーQ&A」内閣官房
　http://www.cao.go.jp/bangouseido/pdf/20150229_seido_card.pdf

メリットある効率化の例

地方税関係情報（住民税の課税情報又はその算定の基礎となる収入情報）

⇒社会保障の給付、保険料の減免を受ける際、所得要件の審査に利用。
⇒住民が申請する際、課税証明書等の証明書類が不要に！
○児童手当法による児童手当の支給に関する事務
○介護保険法による保険給付の支給に関する事務　等

住民票関係情報（続柄など住民票に記載される基本4情報（住所、氏名、生年月日、性別）以外の情報）

⇒社会保障の給付、保険料の減免を受ける際、世帯が同一であるかの審査に利用。
⇒住民が申請する際、住民票の写しが不要に！
○児童扶養手当法による児童扶養手当の支給に関する事務
○健康保険法による保険給付の支給に関する事務　等

他の社会保障給付に関する情報

⇒社会保障給付の申請があった際、審査・併給調整に利用。
⇒住民が申請する際、年金の受給証明書等の提出が不要に！

○健康保険法による保険給付の支給に関する事務
○労災保険法による保険給付の支給に関する事務　等

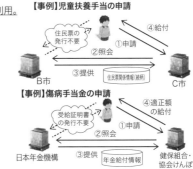

出所：「マイナンバー　社会保障・税番号制度　概要資料」内閣官房（2017年7月発行）
http://www.cao.go.jp/bangouseido/pdf/seidogaiyou_2907.pdf

■ 大災害が起きた際にも活用

　前述したように、マイナンバーは災害対策にも利用できます。具体的には、以下の事務で利用することになります。

　① 被災者生活再建支援金の支給に関する事務
　② 被災者台帳の作成に関する事務　等

　このように大規模な災害が発生した際、マイナンバーは迅速かつ正確に被災者を支援する土台にもなるのです。

第2部　お客様からよくある問合せQ&A

Q1-8

マイナポータルって何ですか。

■ マイナポータルは政府が提供するWEBサービス

マイナポータルは、政府が提供するインターネット上のWEBサービスで、今のところ以下のサービスを提供することになっています。

① 自分の情報を役所等の行政機関が利用した記録及び行政機関が保有する自分の特定個人情報の確認
② 行政機関等からのお知らせ（予防接種の通知など）の確認
③ その他各種の官民サービスの利用

なお、マイナポータルを利用するには、マイナンバーカードを使ってログインを行う必要があります。

予定されている主なマイナポータルの機能

情報提供等記録表示（やりとり履歴）	情報提供ネットワークシステムを通じた住民の情報のやり取りの記録を確認できる
自己情報表示（あなたの情報）	行政機関などが持っている自分の特定個人情報が確認できる
お知らせ	行政機関などから個人に合ったきめ細やかなお知らせを確認できる
民間送達サービスとの連携	行政機関や民間企業等からのお知らせなどを民間の送達サービスを活用して受け取ることができる
子育てワンストップサービス	地方公共団体の子育てに関するサービスの検索やオンライン申請ができる
公金決済サービス	マイナポータルのお知らせを使い、ネットバンキング（ペイジー）やクレジットカードでの公金決済ができる
もっとつながる（外部サイト連携）	外部サイトを登録することで、マイナポータルから外部サイトへのログインが可能になります

出所：「マイナンバー　社会保障・税番号制度　概要資料」内閣官房（2017年7月発行）
　　　http://www.cao.go.jp/bangouseido/pdf/seidogaiyou_2907.pdf

■ 子育てワンストップサービス等、暮らしに便利なサービスを順次提供

今後、マイナポータルを利用することで、暮らしを便利にするさまざまなサービスが順次提供される予定です。その代表的なサービスとして期待されるのが「子育

てワンストップサービス」です。今、小さいお子さんがいる家庭では、保育園の入園申請や児童手当の申請等、さまざまな手続を行うために何回も役所に出向く必要があります。こうした手間を省くのが「子育てワンストップサービス」です。自宅のパソコンやスマートフォンなどからマイナポータルにログインすることでさまざまな申請ができますし、自治体等から予防接種等の情報を受け取ることもできます。

　こうした暮らしに便利なサービスが、今後もマイナポータルを使って順次提供される予定です。

出所：「マイナンバー　社会保障・税番号制度　概要資料」内閣官房（2017年7月発行）
http://www.cao.go.jp/bangouseido/pdf/seidogaiyou_2907.pdf

■2020年度には年末調整等でも利用

　今後は会社員の年末調整でも、マイナポータルを使ってインターネット上で手続を行えるようになるかもしれません。現在、会社員の年末調整は企業が行っていますが、借入残高に応じて所得税を減らす住宅ローン減税や生命保険料の支払額を所得控除できる生命保険料控除の申請手続は、従業員が自ら行う必要があります。具体的には、金融機関や生命保険会社から郵送される残高証明書や生命保険料控除証明書を規定の書類に添付し、必要事項を記入したうえで勤め先の企業に提出するという作業が必要です。

　報道によると、こうした金融機関や生命保険会社からの証明書を、2020年度を目途にマイナポータルで電子的に受け取れるようにするそうです。もし、電子的に受け取れるようになれば、規定の書類に各種証明書を添付するという手間が省けるし、申告ミスもなくなるので会社員にとっては良いことづくめです。

Q1-9

預貯金付番は当面任意ということですが、今後も任意のままですか。

■ 預金付番が任意となった理由

　預貯金付番が任意になった理由は、預貯金の口座数が他の金融商品と比較して極めて膨大だからだといわれています。つまり、最初からすべての口座にマイナンバーを付番するとなると、口座保有者への周知や手続事務等、金融機関側の事務負担がきわめて重くなるからだと思われます。

　平成26年2月に全国銀行協会が政府税制調査会に提出した資料によれば、2013年9月末時点で国内銀行（都市銀行、地方銀行、第二地方銀行、信託銀行）の個人預金口座は7億8,610万口座、信用金庫の個人預金口座は1億3,675万口座となっています。これだけ膨大な口座に対してすべて付番を義務付けると、金融機関に大きな負担をかけることになると懸念されたからだと思われます。

■ 3年を目途に見直しを行う

　ただし、預金に付番する旨を盛り込んだ2015年9月の改正番号法には、付番開始後3年を目途に制度見直しを行うことが附則に明記されています。この附則が意味するところは、任意での付番が必ずしも進まなかった場合、制度そのものを見直すことを想定していると思われます。

■ 預貯金付番が義務化される可能性もある

　上記のとおり、3年後の制度の見直しの際、預金付番が義務付けられる可能性があります。実際、番号法改正案を閣議決定した際、法律を担当する金融担当大臣が記者会見の席で付番状況によっては義務化も視野に入れる旨の発言をしています。もし3年後の見直しで、預金付番を義務化する法律改正が行われるような事態になれば、各金融機関が窓口対応に追われることになるのはもちろんですが、お客様にも大きな影響を及ぼすことになります。

第1章　マイナンバー制度全般

Q1-10

マイナンバーが漏洩しないか心配です。

■行政も銀行も管理・漏洩対策をしっかり行っている

「銀行に届け出たマイナンバーが漏洩しないか心配です」と、お客様に言われた経験のある読者も少なくないと思います。実際、「万が一マイナンバーに関連する重要な金融情報が銀行から漏れ、知らぬ間に悪用されたら大変なことになる」といった不安をお持ちのお客様も少なからずいると思います。

そうした不安をお持ちのお客様に対して、安心して届け出てもらえるように以下のポイントにそって説明することが重要です。1つ目は、マイナンバーを取り扱う役所等の行政機関や銀行等の金融機関は、マイナンバーが漏洩して悪用されるといった事故が起きないように、あらかじめ厳格に管理することが義務付けられていることです。具体的には、下図にあるとおり国が示したガイドラインにより、漏洩等を防止するための対応策が事細かく決められています。

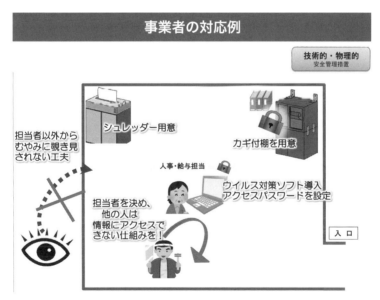

出所：「マイナンバー社会保障・税番号制度が始まります（入門編）」（2015年11月発行）
http://www.cao.go.jp/bangouseido/pdf/shoutengai_20-36.pdf

■仮に漏洩しても悪用を極力防ぐ仕組みも用意

とは言え、どれだけ強固な漏洩対策を講じても100％完璧に防げるわけではあり

103

ません。担当者のうっかりミス、悪意等で漏洩する可能性はどうしても残ります。

　でも大丈夫です。仮に漏洩しても、その影響を最小限に食い止められる仕組みがしっかり用意されています。具体的にいうと、それぞれの機関が管理・保管するマイナンバーとそれに紐付くさまざまな情報を1ヵ所に集約するのではなく、必要な情報を適宜やり取りする仕組みになっているからです。そうすることで、仮にマイナンバーが漏洩しても大切な情報が芋づる式に漏洩するといったリスクを避けることができるわけです（この管理方法を「分散管理」と呼んでいます）。

　また、不幸にして漏洩してしまった場合でも、悪用した場合には、懲役罰を含む厳しい罰則規定が番号法に盛り込まれています。このような仕組みを準備することで、漏洩が起きても悪用を極力防げるようになっているのです。

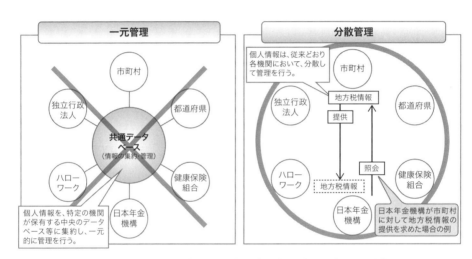

出所：「マイナンバー　社会保障・税番号制度　概要資料」内閣官房（2017年7月発行）
http://www.cao.go.jp/bangouseido/pdf/seidogaiyou_2907.pdf

■ 漏洩がわかったら、マイナンバーは変更可能であり漏洩した番号は無効にできる

　マイナンバー制度では、もう1つ漏洩したマイナンバー（個人番号）を変更できるようにすることで、安全性を担保しています。

　たとえば、マイナンバーが漏洩し悪用される恐れがある旨を住民票のある自治体に届け出ることによって、漏洩したマイナンバーを変更することができます。そうすることで、漏洩した元のマイナンバーは一切無効になります。もちろん無効になったマイナンバーを使って情報を入手しようとしても入手することはできません。

　このようにマイナンバーは何重にも安全に管理されているのです。

第1章　マイナンバー制度全般

Q1-11

金融機関はどのような分野でマイナンバーを利用するのですか。

■ 税分野等の決められた行政手続で利用

マイナンバーを利用できるのは、法律で決められた分野だけです。今のところ金融機関は、大きく分けて以下の2つの分野で利用することになります。

① 金融商品取引に伴う税手続
② 預貯金付番に伴う手続

繰り返しますが、この2つの分野以外で、お客様が届け出たマイナンバーを利用することはできません。

■ 税務署等の行政機関への提出書類への記載が中心

マイナンバーの利用範囲は、法律で定められた行政手続の分野に限定されています。つまり、金融機関はこれらの行政手続を行うのに必要な範囲内でマイナンバーを利用することになります。もちろん金融機関自体が行政手続を行うのではなく、たとえば税務手続に必要な各種の報告書を作成して税務署に提出する、といった事務手続で利用することになります。

具体的には、現在以下の行政機関へ提出する書類にマイナンバーを記載しています。

・特定口座年間取引報告書
・投資信託又は特定受益証券発行信託収益の分配の支払調書
・国外送金等調書

上記に加えて、2018年1月からは、預貯金付番に伴う分野として、以下の業務で利用することになります。

・預金保険機構等のペイオフでの利用
・行政機関による税務調査や資力調査での利用

この場合は、行政機関や預金保険機構等の求めに応じて対象となる預貯金口座情報を提供することになります。

105

■ 決められた分野以外で金融機関が勝手に利用することはない

繰り返しますが、金融機関が上記の手続以外でマイナンバーを勝手に利用することはできません。たとえば、マイナンバーと預貯金情報を紐付けて管理することを利用して、自行のお客様管理に流用するのは目的外利用に該当するので法律違反になります。ほかにもマイナンバーを検索キーにして営業目的等で預貯金情報を検索したり、他のマーケティング情報と紐付けるといった行為もすべて禁じられています。

もし、こうした違反行為を行うと厳しい厳罰を受けることになるので、金融機関が勝手に利用したり、外部に提供することはあり得ません。

番号の取扱者が対象	個人番号利用事務、個人番号関係事務などに従事する者や従事していた者が、<u>正当な理由なく、業務で取り扱う個人の秘密が記録された特定個人情報ファイルを提供</u>	4年以下の懲役or200万以下の罰金（併科されることあり）
	個人番号利用事務、個人番号関係事務などに従事する者や従事していた者が、<u>業務に関して知り得たマイナンバーを自己や第三者の不正な利益を図る目的で提供し、または盗用</u>	3年以下の懲役or150万以下の罰金（併科されることあり）

出所：「マイナンバー 社会保障・税番号制度 概要資料」内閣官房（2017年7月発行）
　　　http://www.cao.go.jp/bangouseido/pdf/seidogaiyou_2907.pdf

第1章　マイナンバー制度全般

Q1–12

法人も番号を届け出ることになるのですか。

■ 法人口座もマイナンバー制度の対象

今回の改正番号法では、「預貯金付番の対象者から、個人番号ないしは法人番号を取得すること」と規定されているので、法人名義の口座も預貯金付番の適用対象になります。つまり、個人であれば個人番号（マイナンバー）を保有していますが、同様に法人番号を保有している法人も対象になります。

■ 法人口座は法人番号を届け出る

この場合、マイナンバーつまり個人番号ではなく法人に付番される法人番号を、口座を保有している法人から届け出ていただくことになります。この法人番号の届出は一般的な事業会社だけでなく、税務手続のために税務署等に届け出た団体も届け出る必要があるので注意してください。

なお、法人口座の預貯金付番も個人口座同様任意です。口座保有法人が希望しない場合は、法人番号を届け出る必要はありません。

■ 法人口座の届出手続

法人番号の届出手続を行う場合、個人口座のように本人確認を行う必要はありません。その代わりに、付番された法人番号を届け出るとともに、以下の確認書類を提示していただくことになります。

① 法人番号決定通知書（提示日前6ヵ月以内に作成）

　または、

② 法人番号決定通知書（提示日前6ヵ月以上前に作成）＋法人確認書類

　または、

③ 法人番号印刷書類（提示日前6ヵ月以内に作成）＋法人確認書類

上記の法人確認書類には、主に以下の書類があります。

・印鑑証明書（発行後6ヵ月以内のもの）

・登記事項証明書（写しを含む、6ヵ月以内のもの）

107

・国税または地方税の領収書、納税証明書、社会保険料の領収書（領収日付または発行年月日が6ヵ月以内のもの）
・法令の規定に基づき官公署から送付を受けた許可、認可、承認に係る書類（6ヵ月以内のもの）

なお、法人取引のうち、マイナンバー制度導入時から法人番号を届け出ることが義務付けられている以下の手続については、従前どおり法人番号を届け出なければいけないので、注意してください。

① 外国送金手続
② 投資信託口座等の有価証券口座
③ 定期預金・通知預金
④ 信託取引　等

法人番号の届出が義務である取引

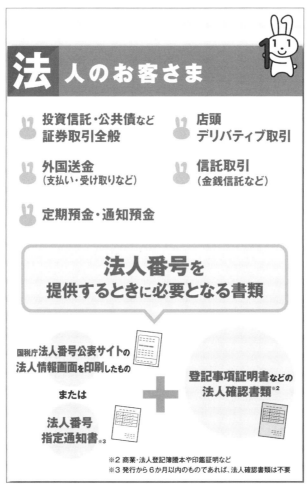

出所：全国銀行協会のリーフレットより抜粋
　　　https://www.zenginkyo.or.jp/fileadmin/res/article/F/8188_leaflet_02.pdf

第1章　マイナンバー制度全般

Q1-13

法人の場合もマイナンバーの届出は任意ですか。

■ 法人口座も個人同様に原則届出は任意

　法人名義の預金口座も個人名義の口座と同様に届出は任意なので、届出を希望しない場合は法人番号を届け出る必要はありません。仮に届出をしなくても、ペナルティを課されることはありませんので、法人の判断で届出を行うか否かを決定することができます。

　なお、仮に法人番号を届け出なくても、たとえばすでに他の取引で法人番号を届け出ているといった場合は、当該金融機関が利用規程を改定することによって法人口座に法人番号を付番することができます。後々クレームになってはいけないので、こうした点について、前もってお知らせすることをお勧めします。

■ 定期預金や海外送金等の届出は義務

　Q1-12でも説明しましたが、マイナンバー制度導入時から法人番号を届け出ることが義務付けられている以下の手続については、従前どおり法人番号の届出は義務とされているので、注意してください。

　① 海外送金
　② 投資信託等の有価証券取引
　③ 定期預金・通知預金
　④ 信託取引　等

　上記の取引については、従来から法人番号の届出が義務付けられており、今回の改正番号法でも変更はありません。したがって、これらの取引を行う際には、必ず法人番号を届け出ていただくようにしてください。

109

第2章

マイナンバー手続関連

Q2-1

マイナンバーの届出に際し、どのような手続が必要ですか。

■ マイナンバーの届出には2つの手続が必要

金融機関に限ったことではありませんが、マイナンバーの届出には以下の2つの手続が必要です。

① 自分のマイナンバーを届け出る「マイナンバーの届出」
② 届け出たマイナンバーが本人のものであり、かつ届け出たのが本人であることを確認する「本人確認」

すでに勤め先などにマイナンバーを届け出ている方も多いと思いますが、金融機関における届出も手続自体は同じです。

■ 本人確認は番号確認と身元確認を行う

②の「本人確認」では、届け出たマイナンバーが本人のものであり、かつ届け出たのが本人であることを同時に確認します。

・届け出たマイナンバーが本人のものであることを確認する「番号確認」の手続
・届け出たのが本人であることを身分証で確認する「身元確認」の手続

この2つの手続は、必ず両方とも行う必要があります。もし「番号確認」だけを行い、「身元確認」を怠ると本人確認を行ったことにはならないので、マイナンバーの届出が完了したことにはなりません。結果的にお客様に迷惑をかけることになるので、マイナンバーの届出には、必ず本人確認手続も行わなければいけないということを忘れないようにしましょう。

出所:「申告書や申請書等にはマイナンバーの記載が必要です」国税庁(平成28年6月)
http://www.nta.go.jp/shiraberu/ippanjoho/pamph/sonota/kojin_no_kaisei.pdf

第2部　お客様からよくある問合せQ&A

Q2-2

マイナンバーの手続に必要な書類は何ですか。

■マイナンバーの手続には番号確認と身元確認の書類が必要

　金融機関にマイナンバーを届け出る場合、「本人確認」の手続（番号確認と身元確認）を行う必要があります。その際、必要となる書類が、それぞれにあります。お客様から届け出ていただく際、これらの書類がすべて揃っていないと本人確認の手続を行うことができませんので、ご注意ください。

■番号確認の書類には、マイナンバーカード、通知カード、番号の記載された住民票がある

　番号を確認する書類には、以下のものがあります。

- ・マイナンバーカード
- ・通知カード
- ・本人のマイナンバー（個人番号）が記載された住民票の写しまたは住民票記載事項証明書

　ご存知のとおり通知カードは、マイナンバー制度開始時にすべての世帯に対して住民票の住所地に送付されています。一方、マイナンバーカードは本人の申請により交付されるので、すべての人が所持しているわけではありません。

　なお、これらのカードが手元にない場合は、住所地の自治体から本人のマイナンバー（個人番号）が記載された住民票の写しまたは住民票記載事項証明書を取り寄せる必要があります。お客様の届出をスムーズに行うためにも、あらかじめこうした情報をお知らせするようにしましょう。

■身元確認は原則顔写真付き身分証明書が必要

　身元を確認する書類には、以下のものがあります。

- ・マイナンバーカード（マイナンバーカードは、番号確認と身元確認を同時に行える）
- ・運転免許証
- ・パスポート

114

・身体障害者手帳　等

これらの顔写真付き身分証がない場合は、

・健康保険の被保険者証

・年金手帳

・写真のない学生証、社員証、資格証明書

・国税、地方税、社会保険料、公共料金の領収書

・印鑑登録証明書

・源泉徴収票、支払通知書

などの書類のうち2つ以上の書類で確認することになります。

個人番号の提供方法	番号確認	身元確認
対面	（原則）以下の書類の提示 ①　マイナンバーカード（個人番号カード） ②　通知カード ③　住民票の写し（番号付き） （例外） ○過去に本人確認の上作成している特定個人情報ファイルによる確認	（原則）以下の書類の提示 ①　マイナンバーカード（個人番号カード） ②　運転免許証やパスポート等の写真付き身分証明書 ③　個人番号利用事務等実施者から送付された住所、氏名等がプレ印字された書類（取引契約や雇用契約成立時等に本人であることの確認を行っている場合に限る） （例外）以下の書類の提示（（原則）の書類を提示できない場合） ○国民健康保険の被保険者証と年金手帳など写真付きでない身分証明書を2つ以上 （その他） ○雇用関係にある場合等、対面で確認して本人に相違ないことが明らかである場合は、身元確認書類の提示が不要
郵送	上掲対面により提示する確認書類の写しの提出	上掲対面により提示する確認書類の写しの提出
オンライン	①　過去に本人確認の上作成している特定個人情報ファイルによる確認 ②　マイナンバーカード（個人番号カード）や通知カード等の画像データの電子的送信	①　マイナンバーカード（個人番号カード）や運転免許証等の画像データの電子的送信 ②　事業者が本人であることを確認した上で発行するID及びパスワード ③　電子署名

出所：「番号法令、国税庁告示における主な本人確認書類等」国税庁
　　　 http://www.nta.go.jp/mynumberinfo/honninkakunin/shorui.htm

第2部 お客様からよくある問合せQ&A

運転免許証やパスポート等の写真付き身分証明書の具体例
▶運転免許証
▶パスポート
▶運転経歴証明書
▶身体障害者手帳
▶療育手帳
▶在留カード
▶写真付き学生証、社員証、資格証明書
▶税理士証票

個人番号利用事務等実施者から送付された住所、氏名等がプレ印字された書類の具体例
▶税務署から送付されるプレ印字申告書（所得税申告書、個人消費税申告書、法定調書合計表等）
▶個人番号関係事務実施者から送付される個人識別事項がプレ印字された書類
※当該書類を使用して個人番号利用事務等実施者に提出する場合のみ。
▶確定申告のお知らせはがき
※申告書又は申請書等と併せて当該書類を提示する場合のみ。
▶贈与税のお知らせはがき
※申告書又は申請書等と併せて当該書類を提示する場合のみ。
▶所得税の予定納税額の通知書
※申告書又は申請書等と併せて当該書類を提示する場合のみ。
▶譲渡所得返信はがき付リーフレット
※申告書又は申請書等と併せて当該書類を提示する場合のみ。

国民健康保険の被保険者証と年金手帳など写真付きでない身分証明書を2つ以上の具体例
▶国民健康保険の被保険者証
▶年金手帳
▶写真のない学生証、社員証、資格証明書
▶国税、地方税、社会保険料、公共料金の領収書
▶印鑑登録証明書
▶源泉徴収票、支払通知書

出所：国税庁「番号法令、国税庁告示における主な本人確認書類等」
　　　http://www.nta.go.jp/mynumberinfo/honninkakunin/betten.htm#b02

Q2-3

法人名義の口座にもマイナンバーの届出は必要ですか。

■ 法人名義口座も預金付番の対象

Q1-12及びQ1-13で解説したように、法人名義口座も預貯金付番の適用対象になります。なお、この場合、届け出るのは個人番号（マイナンバー）ではなく、法人が保有する法人番号です。

■ 法人口座も個人同様に原則届出は任意

法人名義口座の場合も法人番号の届出は任意です。今回の改正番号法では、個人口座と同様に口座保有法人が希望しない場合は、法人番号を届け出る必要はありません。

■ 海外送金等は届出が義務である点に注意

Q1-12で解説したように、法人取引のうち、マイナンバー制度導入時から法人番号を届け出ることが義務付けられている以下の手続については、従前どおり法人番号の届出が必要なので、注意してください。

① 外国送金手続
② 投資信託口座等の有価証券口座
③ 定期預金・通知預金
④ 信託取引　等

法人番号の届出が義務である取引

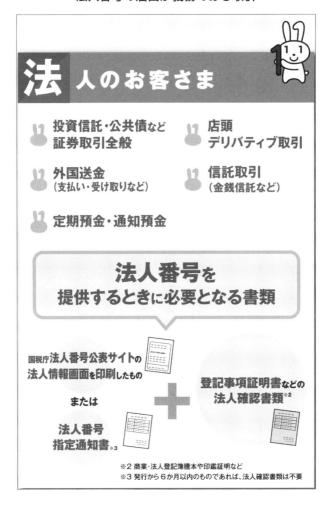

出所：全国銀行協会のリーフレットより抜粋
　　　https://www.zenginkyo.or.jp/fileadmin/res/article/F/8188_leaflet_02.pdf

第2章　マイナンバー手続関連

Q2-4

法人名義口座に対する届出手続はどのようになりますか。

■ 法人名義口座の場合、法人番号を届け出る

　Q2-1で解説したように、法人名義口座の場合、法人番号を届け出ることになります。この法人番号が付番されるのは、以下の法人です。

① 国の機関

② 地方公共団体

③ 会社法その他の法令の規定により設立の登記をした法人（設立登記法人）

④ ①～③以外の法人又は人格のない社団等であって、法人税・消費税の申告納税義務又は給与等に係る所得税の源泉徴収義務を有することとなる団体

⑤ ①～④以外の法人又は人格のない社団等であって、個別法令で設立された国内に本店を有する法人や国税に関する法律に基づき税務署長等に申告書・届出書等の書類を提出する者など一定の要件に該当するもので、国税庁長官に届け出たもの

　なお、一般的な事業会社の場合は、国税庁長官から法人番号決定通知書が送付されるので、その通知書に記載された法人番号を届け出ることになります。また、一般的な事業会社でなくても、上記の条件を満たせば法人番号が付番されます。たとえば、マンションの管理組合等でも税務手続等のために国税庁に申請すれば法人番号を取得することができます。

119

法人番号決定通知書のイメージ

（送付先）
100-0013
東京都千代田区霞が関3丁目1番1号

法人番号株式会社　御中

平成27年10月5日

国 税 庁 長 官
（官印省略）

法人番号指定通知書

行政手続における特定の個人を識別するための番号の利用等に関する法律の規定により、下記のとおり法人番号を指定したことを通知します。

記

法 人 番 号 （ 1 3 桁 ）		1　2　3　4　5　6　7　8　9　0　1　2　3
法人番号の指定を受けた者※1	商　号又は名称	法人番号株式会社.
	本店又は主たる事務所の所在地	東京都千代田区霞が関3丁目1番1号
	国内における主たる事務所等の所在地※2	
法 人 番 号 指 定 年 月 日		平成27年10月5日
国税庁法人番号公表サイトの表記※3	商　号又は名称	法人番号株式会社
	本店又は主たる事務所の所在地	東京都千代田区霞が関3丁目1番1号
	国内における主たる事務所等の所在地※2	

※1　通知書作成日現在の情報に基づく表記です。
※2　法人番号の指定を受けた者が外国法人等の場合に記載しています。
※3　国税庁法人番号公表サイトでは、JIS第1水準及び第2水準以外の文字をJIS第1水準及び第2水準の文字に置換えしています。
　　また、人格のない社団等については、あらかじめその代表者又は管理人の同意を得た場合に公表する表記です。

(G151012-1234567)

出所：国税庁　http://www.houjin-bangou.nta.go.jp/setsumei/english/images/tuuti_honyaku.pdf

■ 法人番号の確認に必要な書類

法人番号の届出手続の際、個人名義の口座のように本人確認を行う必要はありません。その代わりに、付番された法人番号を届け出るとともに、以下の確認書類を提示していただくことになります。

① 法人番号決定通知書（提示日前6ヵ月以内に作成）
またば、

② 法人番号決定通知書（提示日前6ヵ月以上前に作成）＋法人確認書類
またば、

③ 法人番号印刷書類（提示日前6ヵ月以内に作成）＋法人確認書類

上記の「法人確認書類」には、主に以下の書類があります。

・印鑑証明書（発行後6ヵ月以内のもの）
・登記事項証明書（写しを含む、6ヵ月以内のもの）
・国税または地方税の領収書、納税証明書、社会保険料の領収書（領収日付または発行年月日が6ヵ月以内のもの）
・法令の規定に基づき官公署から送付を受けた許可、認可、承認に係る書類（6ヵ月以内のもの）

■ 海外送金等は従前どおり届出が必要

Q2-3及び**Q1-12**で解説したように、法人取引のうち、マイナンバー制度導入時から法人番号を届け出ることが義務付けられている以下の手続については、従前どおり法人番号の届出が必要です。仮に法人番号を届け出ないと取引を行えない等の支障が出る可能性があるので、お客様には必ず届け出るよう説明してください。

① 外国送金手続
② 投資信託口座等の有価証券口座
③ 定期預金・通知預金
④ 信託取引　等

第2部　お客様からよくある問合せQ&A

Q2-5

通知カード・マイナンバーカードを忘れたお客様への対応について。

■ マイナンバーの届出には通知カード、マイナンバーカード等が必須

　お客様から「通知カードを忘れてしまったが、自分のマイナンバーをメモしているので届出をしたい」と言われた場合、どのような対応をすれば良いのでしょうか。たとえば、自分の番号を覚えてさえいれば、通知カードを提出していただく必要はないのでしょうか。

　そんなことはありません。Q2-1とQ2-2で説明したように、「本人確認」が届出の大前提になるので、通知カードやマイナバーカードの提示は必要不可欠です。

　具体的には、Q2-2で説明したように以下の「番号確認のための書類」と「身元確認のための書類」が必要になります（唯一マイナンバーカードだけが両方の機能を兼ねています）。

　【番号確認に必要な書類の例】
　・マイナンバーカード
　・通知カード
　・本人のマイナンバー（個人番号）が記載された住民票の写しまたは住民票記載事項証明書
　【身元確認に必要な書類の例】
　・マイナンバーカード
　・運転免許証
　・パスポート
　・身体障害者手帳　等

■ 書類が1点でも揃わない場合は、後日改めての手続を行う必要がある

　マイナンバー法（番号法）では、マイナンバーの届出の際、必ず本人確認の手続を行うことが義務付けられています。したがって、本人確認手続を行わない届出は

122

認められません。

　仮に自分のマイナンバーを覚えていて、その番号を届出書類に記載しても、通知カードやマイナンバーカードによる確認ができない以上、後日改めての手続をしていただくことになります。また、身元確認書類を持ってくるのを忘れたといった理由で確認できない場合も、後日改めて手続をしていただくことになります。

　こうした負担を軽減するためにも、あらかじめお客様に対して必要となる書類等に関する情報をお伝えするようにしましょう。

■金融機関が提供する郵送キットを使えば再度の来訪は不要

　上記のような場合、再度お客様に銀行窓口まで来ていただくのは心苦しいものです。そこで、すでにNISA口座の開設等で経験されている方も少なくないと思いますが、書類に不備がある場合、マイナンバー手続用の郵送キットを利用するのも1つの方法です。

　実際、各金融機関では、制度のスタート時から窓口以外に郵送やオンラインによってマイナンバーを届け出ることができる仕組みを用意しています。たとえば、郵送による届出ではマイナンバーの届出書類のほか、番号確認書類と身元確認書類のコピーを同封のうえ、金融機関に返送していただくことで手続は完了します。こうした手続自体にはあまり手間がかかりませんので、書類に不備がある場合は積極的に郵送キットを利用することをお勧めします。

「(通知カード等) 必要な書類を忘れた！」

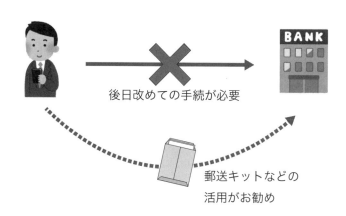

Q2-6

マイナンバーを届け出たくないお客様への対応について。

■ 預金のマイナンバー付番はあくまで任意

「マイナンバーを届け出るように言われたが、自分としては届け出たくない」とおっしゃるお客様もいると思います。

ご存知のとおり、制度がはじまった2016年1月から①投資信託口座等の有価証券取引と②海外送金についてはマイナンバーの提供が義務付けられ、決められた期日（たとえば、NISA口座以外の既存の投資信託口座では2018年末まで）までにマイナンバーの届出を行う必要があります。

一方、2018年1月から始まる預貯金に対する付番については、あくまでも届出は任意です。したがって、届出を断ることも可能なので、お客様にはその点を丁寧に説明するようにしましょう。

■ 預金口座に関しては提供を断っても問題ない

なぜ、預貯金の届出だけが任意とされたのでしょうか。それは預貯金付番に関するマイナンバー法の改正の議論の中で、「預金者への影響等を考慮し任意の届出とするべきではないか」という意見が多く出されたからだと言われています。

こうした経緯から届出は任意とされたため、お客様がマイナンバーの届出を断ることは可能です。また、お客様が断っても、たとえば税制面でデメリットを被るといったペナルティは一切ありません。したがって、お客様から「マイナンバーの届出は行いたくない」と言われた場合は、手続をすることはできません。

■ 将来は義務化の可能性も

ただし、将来的にはマイナンバーの届出が義務化される可能性があるので、注意が必要です。というのも、2015年に行われた制度改正の際、預貯金付番開始後3年後を目途に見直すことも検討すると法案の附則に明記されているからです。つまり、預貯金付番開始後3年の時点で口座への付番状況が芳しくない場合は、付番していない口座を含めてすべての口座へのマイナンバーの届出を義務付ける可能性があるということです。

このように、当面の間は届出を断ることも可能ですが、将来的には義務化され必ず届出を行うことになる可能性があることもお客様にきちんと説明するべきです。

Q2-7

マイナンバー（個人番号）を変更したお客様への対応について。

■ 漏洩の恐れのある場合にはマイナンバー（個人番号）を変更できる

マイナンバーの変更については、番号法第7条第2項で以下のとおり規定しています。

「市町村長は、当該市町村（略）が備える住民基本台帳に記録されている者の個人番号が漏えいして不正に用いられるおそれがあると認められるときは、（略）その者の請求又は職権により、その者の従前の個人番号に代えて、（略）機構から通知された個人番号とすべき番号をその者の個人番号として指定し、速やかに、その者に対し、当該個人番号を通知カードにより通知しなければならない。」

つまり、番号が漏洩して悪用される恐れがある場合は、本人が届け出るかまたは市町村長の判断（本人からの届出を待っている時間がない緊急時等）によって、新しいマイナンバーに変更することができます。新しいマイナンバーが付番されると、古い番号は無効となり、新しい通知カードが本人に交付されます。この新しい通知カードを受け取ったら、古い番号が記載された通知カード、あるいはマイナンバーカードを返納することになります。

こうした仕組みを用意することによって、漏洩に伴う不正利用等の被害を未然に防ぐことができるわけです。

■ 番号を変更した場合は届出先に必ず変更の連絡をすること

マイナンバー（番号）を変更すると古い番号は無効になるので、すでに届出を行っている会社や金融機関等に新しいマイナンバーを届け出る必要があります。対象となる届出先は、以下のとおりです。

・勤務先
・支払調書作成のために届出を行っている先（家賃収入等がある方）
・金融商品取引でマイナンバーを届け出ている金融機関

もちろん、金融機関にマイナンバーの届出を行っているお客様も大勢いらっしゃると思うので、その旨の説明も忘れずにするようにしましょう。

■改めて番号確認と身元確認も必要になる

　マイナンバー（番号）を変更したお客様に対する手続で注意していただきたいのは、新しいマイナンバーを届け出てもらう場合は、改めて本人確認を行う必要があるということです。

　Q2-2で説明したように、本人確認は番号確認と身元確認の2つ行う必要があります。このうち番号確認は、新しいマイナンバーが記載されている通知カードまたはマイナンバーカード（新しい番号で再発行してもらう必要があります）により確認します。また、身元確認はマイナンバーカードまたは原則顔写真付きの身分証（免許証等）により確認することになります。つまり、初めての届出の際に行う手続とまったく同じ手続が必要になるのです。

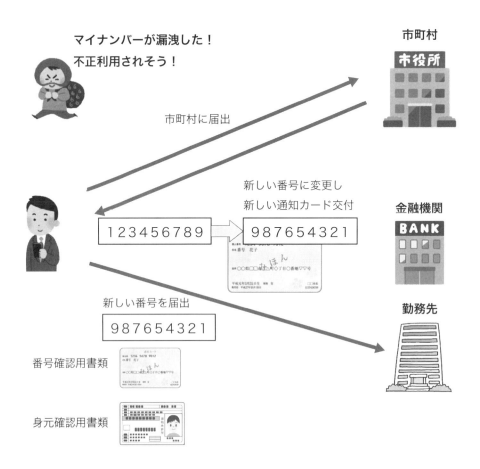

第2章　マイナンバー手続関連

Q2-8

金融機関ではマイナンバーをどのように管理しているのですか。

■金融機関はマイナンバーの漏洩対策をしっかり行っている

番号法は、特定個人情報（個人番号を含む個人情報。個人番号そのものも含みます）を取り扱う事業者に対して細心の注意を払って安全管理を行うよう求めています。特に金融機関の場合、扱う情報の性質上、以下のとおり通常の事業会社以上に厳格な安全管理が求められています。

■金融機関が行っている主な安全管理措置

金融機関は、マイナンバーの安全管理に関する監視・監督を専門に行う個人情報保護委員会が定めた以下の規則に沿って安全管理対策を行っています。

・「特定個人情報の適正な取扱いに関するガイドライン（事業者編）」
・「（別冊）金融業務における特定個人情報の適正な取扱いに関するガイドライン」

具体的には、以下の安全管理対策を行うことが義務付けられています。

① 組織的安全管理措置（安全管理体制の整備、取扱状況を確認する手段の整備等）
② 人的安全管理措置（事務取扱担当者の監督・教育）
③ 物理的安全管理措置（取扱区域の管理、機器及び電子媒体等の盗難防止等の防止等）
④ 技術的安全管理措置（アクセス制御、外部からの不正アクセス防止等）

また、仮に漏洩等が発生した場合、その影響を最小限にとどめるための体制等の整備も義務付けられています。

127

第2部　お客様からよくある問合せQ&A

金融機関における安全管理対策

基本方針の策定

取扱規程等の策定

金融機関

＜組織体制例＞
責任者○○課長

事務取扱
担当□□係

事務取扱
担当者▲▲

組織的安全管理措置　　人的安全管理措置　　物理的安全管理措置　　技術的安全管理措置

出所：「《ここがポイント》マイナンバーガイドライン」（金融業務編）
　　　https://www.ppc.go.jp/files/pdf/my_number_point_kinyu.pdf

■ 金融機関が営利目的でマイナンバーを流用することはない

　Q1–11でも解説しましたが、金融機関が法律で定められた手続以外でマイナンバーを利用することはできません。たとえば、マイナンバーと預貯金情報を紐付けて管理することを利用して、自行のお客様管理に流用するのは目的外利用に該当するので法律違反になります。ほかにもマイナンバーを検索キーにして営業目的等で預貯金情報を検索したり、他のマーケティング情報と紐付けるといった行為もすべて禁じられています。

　もし、こうした違反行為を行うと厳しい厳罰を受けることになるので、金融機関が勝手に利用することはあり得ません。

第2章　マイナンバー手続関連

Q2-9

金融機関がマイナンバーを漏洩した場合、どのように対応するのですか。

■ 漏洩が判明した場合に金融機関が行うこと

　金融機関がどれだけ厳重な漏洩対策を行っても、他の個人情報と同様に漏洩を完全に防ぐことはできません。もし金融機関によるミス等によってマイナンバーが漏洩した場合は、以下の対応をとることになっています。

　金融機関からマイナンバーを含む特定個人情報が漏洩した場合は、直ちにマイナンバーの安全管理を監督する個人情報保護委員会と監督当局である金融庁または財務（支）局へ報告することになります。こうした報告を早急にすることによって、関係機関による対応態勢が整うこととなり、漏洩したマイナンバー等が悪用されるといった被害を最小限に食い止めることができるわけです。

■ 漏洩の2次被害が起きない仕組みが準備されている

　また、仮にマイナンバーが漏洩しても、予めその漏洩したマイナンバーで不正に手続されるといった二次被害を防ぐ仕組みが用意されています。たとえば、マイナンバー制度では個人情報をマイナンバーによって一元管理せず、分散して管理しています。こうすることで、仮にマイナンバーが漏洩しても、マイナンバーを使って個人情報がすべて漏洩するといった事態を防ぐことができます。

■ 漏洩した場合は番号を変更することができる

　マイナンバーが漏洩した場合は、漏洩したマイナンバーを変更することができます。このマイナンバーの変更については、マイナンバー制度の政府サイトにある「マイナンバー（個人番号）に関する質問」[2]に、以下のQAがあります。

Q2-5-1　マイナンバーは希望すれば自由に変更することができますか？

A2-5-1　マイナンバーは原則として生涯同じ番号を使い続けていただき、自由に変更することはできません。ただし、マイナンバーが漏洩して不正に用いられるおそれがあると認められる場合に限り、本人の申請又は市町村長の職権により変更することができます。

2　http://www.cao.go.jp/bangouseido/faq/index.html

マイナンバーを利用した分散管理の仕組み

●番号制度が導入されることで、各行政機関等が保有している個人情報を特定の機関に集約し、その集約した個人情報を各行政機関が閲覧することができる『一元管理』の方法をとるものではない。

●番号制度が導入されても、従来どおり個人情報は各行政機関等が保有し、他の機関の個人情報が必要となった場合には、番号法別表第二で定められるものに限り、情報提供ネットワークシステムを使用して、情報の照会・提供を行うことができる『分散管理』の方法をとるものである。

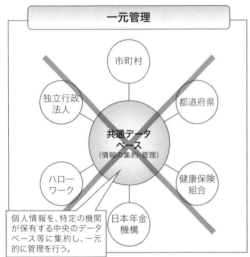
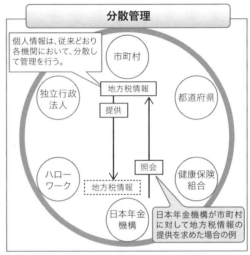

出所:「マイナンバー 社会保障・税番号制度 概要資料」内閣官房（2017年7月発行）
http://www.cao.go.jp/bangouseido/pdf/seidogaiyou_2907.pdf

　なお、マイナンバーを変更した場合は、変更前のマイナンバーは無効になり利用することはできません。このように漏洩したマイナンバーを不正利用して手続を行うことができなくすることで、安全を担保しているわけです。

第2章　マイナンバー手続関連

Q2-10

行員がマインバーと金融情報を漏洩しないか心配です。

■ 漏洩を行った行員は罰せられる
　金融機関は漏洩を行わないように行員の管理教育をしっかり行う

　お客様から「銀行員がマイナンバーを漏洩しないか心配だ」と言われたことがある方も少なくないと思います。こうしたお客様に対して、どのようにお答えすれば良いのでしょうか。

　まず、お伝えすべきなのは、仮に行員が漏洩を行うと番号法により厳しく罰せられるということです（下図参照）。ちなみに同種法律における類似規定の罰則よりも重い規定になっています。

マイナンバー制度における罰則

番号の取扱者が対象	個人番号利用事務、個人番号関係事務などに従事する者や従事していた者が、<u>正当な理由なく、業務で取り扱う個人の秘密が記録された特定個人情報ファイルを提供</u>	4年以下の懲役or200万以下の罰金（併科されることあり）
	個人番号利用事務、個人番号関係事務などに従事する者や従事していた者が、<u>業務に関して知り得たマイナンバーを自己や第三者の不正な利益を図る目的で提供し、または盗用</u>	3年以下の懲役or150万以下の罰金（併科されることあり）
誰でも対象	人を欺き、人に暴行を加え、人を脅迫し、又は、財物の窃取、施設への侵入等によりマイナンバーを取得	3年以下の懲役or150万以下の罰金
	個人情報保護委員会から命令を受けた者が、個人情報保護委員会の命令に違反	2年以下の懲役or50万以下の罰金
	個人情報保護委員会による検査等に際し、虚偽の報告、虚偽の資料提出をする、検査拒否等	1年以下の懲役or50万以下の罰金
	偽りその他不正の手段によりマイナンバーカードを取得	6月以下の懲役or50万以下の罰金

出所：「マイナンバー　社会保障・税番号制度　概要資料」内閣官房（2017年7月発行）
　　　http://www.cao.go.jp/bangouseido/pdf/seidogaiyou_2907.pdf

第2部　お客様からよくある問合せQ&A

■マイナンバーだけが漏洩しても影響は限定的

　漏洩したのがマイナンバーだけであれば、**Q2-9**で説明したように不正な手続等に利用される可能性はほとんどありません。それは、マイナンバー制度の場合、各機関が保有する個人情報を番号に紐付けて一元管理することはせず、分散して管理しているからです。こうすることで、仮にマイナンバーが漏洩しても個人情報が芋づる式に漏洩するといった事態は防げるわけです。

　また、仮にマイナンバーが漏洩しても、**Q2-9**で説明したとおりマイナンバーを変更することができます。マイナンバーを変更すれば、その時点で前のマイナンバーは無効となり利用できないので、継続的に情報が拡散する心配はありません。

第3章

預貯金付番に伴う
手続関連

第2部　お客様からよくある問合せQ&A

Q3-1

マイナンバーの提供を拒否すると、どのようなデメリットがありますか。

■預貯金付番の届出はあくまでも任意

　マイナンバー制度がスタートした2016年1月時点で金融機関にマイナンバーの届出が必要な取引は、投資信託口座等の有価証券取引や海外送金等に限定されていました。法律で定められているわけですから、当然、これらの取引については、マイナンバーの届出が義務付けられており例外はありません（但し、2015年12月31日までに開設した既存の投信口座に関しては、3年間の猶予措置があります）。

　一方、改正番号法により2018年1月以降、預貯金口座にマイナンバーを付番することになりましたが、この届出はあくまでも任意です。したがって、お客様がマイナンバーの届出を希望しない場合は、提供していただく必要はありません。このように預貯金口座の付番については、届出が義務ではなく任意となっている点が投信口座等の取引との大きな違いです。

■特にペナルティやデメリットはない

　お客様の中には、「マイナンバーを届けないことで金融機関との取引に支障が生じたり、税金が高くなったりすることはないの」とった不安を口にする方もいると思いますが、そうしたペナルティやデメリットはありません。たとえば、預貯金口座を利用した取引に制約がかかったり、税制面での不利を被るといったことは一切ありませんし、金融機関が「マイナンバーの届出を行わないので取引を断る」といった対応を取ることも、もちろんありません。

■マイナンバーの届出がなくても、行政機関は税務調査・資力調査ができる

　マイナンバーの届出がないからといって、今回の改正番号法の利用目的とされている①行政機関による資力調査や税務調査、②預金保険等の名寄せが行えないかというと、そういうことはありません。これらの業務は、マイナンバー制度が始まる前から行われており、マイナンバーの利用はあくまでもこれら業務の効率化等を目的にするものだからです。つまり、マイナンバーの届出がなくても従来の方法で業

134

務は行われます。

　たとえば、資力調査や税務調査は国税通則法等の各種法令で規定されている調査ですが、今後も行政機関が住所・氏名等により金融機関等に照会することになります。そういう意味では、マイナンバーを届け出ないことによるデメリットはないが、同時にマイナンバーを届け出ないことによるメリットもないということです。

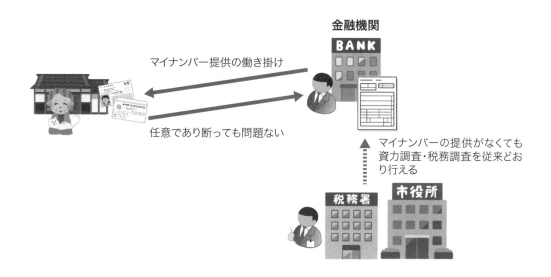

Q3-2
預貯金口座付番の届出を行わなければ、預貯金口座にマイナンバーが付番されることはないのですか。

■ 届出を行わなくても、預貯金口座にお客様のマイナンバーが付番される場合がある

　預貯金口座に対するマイナンバーの届出は任意ですが、提供しなければ預貯金口座にお客様のマイナンバーが付番されることは絶対にないかというと、実はあり得ます。全国銀行協会が預貯金口座付番に関する広報活動の一環として作成したリーフレット「マイナンバーの届出にご協力ください」に、以下のQ&Aが掲載されています。

> Q5　すでに銀行にマイナンバーを届け出ているけど、改めて届け出る必要があるの？
> A　　投資信託などのお取引でマイナンバーを届出いただいたお客様であれば、改めてマイナンバーをお届けいただく必要はありません。

　上記QAから、すでに投資信託口座等でマイナンバーを届け出ている場合は、そのままお客様の預貯金口座にも付番することができることとなります。しかも付番するに際して、お客様から同意を得る必要はないとされています。

　つまり、すでに投資信託等の取引でマイナンバーを届け出ているお客様の場合は、預貯金口座にも自動的に付番されることになるのです。

Q5
すでに銀行にマイナンバーを届け出ているけど、改めて届け出る必要があるの？

投資信託などのお取引でマイナンバーを届出いただいたお客さまであれば、改めてマイナンバーをお届けいただく必要はありません※。
ただし、以下のお取引については、改めてマイナンバーの届出をお願いすることがあります。
・投資信託などの住所変更
・法人定期預金　　　　　　　　など

※銀行が法令にもとづいて、マイナンバーを預金にも利用できるよう利用目的を変更するため、基本的に、再度の届出は不要です。
出所：「マイナンバーの届出にご協力ください」
　　　（リーフレット）全国銀行協会
　　　https://www.zenginkyo.or.jp/fileadmin/
　　　res/article/F/8188_leaflet_01.pdf

■ マイナンバーはお客様からの届出が原則だが、利用目的を変更することで預貯金口座に付番することも可能

　マイナンバー制度では、利用目的ごとにマイナンバーを取得する必要があるので、本来であれば投資信託口座と預貯金口座の付番も別々に届け出てもらうことになります。しかし、その一方で金融機関がインターネットや店先で通知・公表している

「特定個人情報の利用目的」を変更することで、すでに取得したマイナンバーを変更後の利用目的の範囲内で利用することができるとされています。

この点については、マイナンバー制度を監督する個人情報保護員会が公表している「ガイドラインに関するQ&A」[3]に以下の記述があります。

> Q16–5 金融機関が、利用目的を「金融商品取引に関する支払調書作成事務」と特定し、お客様から個人番号の提供を受けていた場合、「預貯金口座への付番に関する事務」のためにその個人番号を利用するには、どのような対応が必要ですか。
> A16–5 個人番号の提供を受けた時点で利用目的として特定されていなかった「預貯金口座への付番に関する事務」のためにその個人番号を利用することは、特定した利用目的を超えて個人番号を利用することになりますので、当該事務のためにその個人番号を利用するには、利用目的を明示し、改めて個人番号の提供を受けるか、利用目的を変更して、変更された利用目的を本人に通知し、又は公表する必要があります。
>
> （平成29年7月追加）

上記のとおり、各金融機関は利用目的の変更を通知・公表することによって、投信口座等で取得しているマイナンバーを預貯金口座の付番に利用することができます。たとえば、お客様から「マイナンバーを届出ていないのに、自分の預金口座に付番されている」といった問合せがある場合は、すでに投信口座等で届け出ているマイナンバーを利用して付番したことを丁寧に説明することで、納得していただく必要があります。

---

[3] https://www.ppc.go.jp/legal/policy/answer/

Q3-3 預貯金口座に届け出たマイナンバーは、どのような目的で利用されるのですか。

■ 利用できるのは法律で定められた目的のみ

預貯金に付番したマイナンバーの利用範囲については、改正番号法（2015年9月成立）で、以下のとおり規定されています。

① 預金保険機構等によるペイオフのための預貯金額の合算において、マイナンバーを利用する。
② 金融機関に対して社会保障制度に関する資力調査や税務調査を行う際、マイナンバーが付された預金情報を効率的に利用する。

つまり、預貯金口座に付番されたマイナンバーの利用範囲は、この2つの分野に限られ、他の事務で利用することはできません。以下、上記2点について、具体的に見ていきましょう。

① 預金保険機構等のペイオフでの利用

金融機関が破たんした際に預金者保護のために行われる「預金者への保険金の直接支払い（ペイオフ方式）」を円滑に行うための預貯金口座の名寄せに使われます。

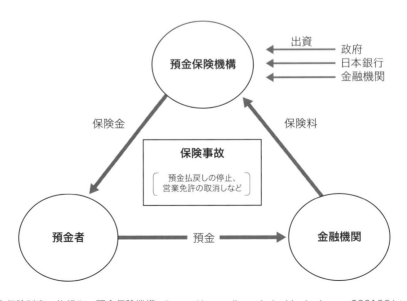

出所：「預金保険制度の仕組み」預金保険機構　https://www.dic.go.jp/yokinsha/page_000106.html

通常、金融機関に預けた普通預金や定期預金等は、預金保険制度の対象となっており、預金者が預金保険制度の加盟金融機関に預金すると、自動的に預金保険の仕組みに加入します。万一、取扱金融機関が破綻しても、預金者は「ペイオフ方式」によって保護されます（「ペイオフ方式」以外に「資金援助方式」という保護の仕組みも用意されています）。

具体的には、金融機関が破綻した場合に、利息のつく普通預金、定期預金、定期積金などについては、1金融機関につき預金者1人当たり「元本1,000万円までと破綻日までの利息等」が保護されます。

このように、1金融機関につき預金者1人当たりの保護額の上限額があるため、同じ金融機関に複数の預金口座等がある場合、預金保険制度を運営している公的機関である「預金保険機構」はその集計・合算を行い、預金者ごとの合計額を把握する必要があります。この作業を「名寄せ」と呼んでいます。

つまり、預貯金口座に付番されたマイナンバーは、預金保険機構等が「名寄せ」を円滑に行うために利用することになります。

②　行政機関による税務調査や資力調査で利用

所得税や法人税などの国税の手続等をまとめた国税通則法第74条の2によると、「国税庁、国税局若しくは税務署（以下「国税庁等」という。）は、所得税、法人税、地方法人税又は消費税に関する調査について必要があるときは、銀行に対して、調査対象者に係る取引状況等について質問し、銀行の帳簿書類その他の物件を検査し、又は当該物件の提示若しくは提出を求める」とされています。

同様に生活保護法第29条によると、「生活保護の実施機関及び福祉事務所長は、保護の決定若しくは実施等のために必要があると認めるときは、銀行に対して、調査対象者に係る取引状況等の報告を求めることができる」とされています。

改正法により、2018年1月からは税務調査や資力調査のために預貯金口座に付番されたマイナンバーも利用できるようになるわけですが、一方で従来の氏名・住所等による照会も引き続き可能です。つまり、マイナンバーを届け出なければ、資力調査・税務調査の対象にはならないということではなく、国税・地方税の税務調査や社会保障給付に係る資産調査がより効率的かつ正確に行えるようなったということです。

Q3-4

マイナンバーを届け出なければ、税務調査や資力調査等は行われないのですか。

■ マイナンバーを利用する目的は業務の効率化と正確性の向上

Q3-3で解説したように、2018年1月から金融機関等に対して税務調査や資力調査でマイナンバーを使った照会ができることになります。しかし、これはあくまでもマイナンバーを使った照会もできるということであり、届出を行わなかったからといって税務調査や資力調査の対象にならないということではありません。

そもそも預貯金口座への付番は、従来行ってきた氏名・住所等による調査方法の効率化及び正確性の向上が目的です。預貯金付番にむけて内閣府大臣官房番号制度担当室がまとめた「預貯金付番に向けた当面の方針（案）」[4]でも、預貯金付番について現行法で認められている資力調査や税務調査の実効性を高めるものと明記されています。つまり、従来は氏名・住所等で照会していた調査を、個人を特定できる唯一無二の番号・マイナンバーを利用することで、業務の効率化や正確性を向上させることが目的なのです。

■ マイナンバーを届け出なくても、税務調査や資力調査は従来どおり行われる

前述したとおり、マイナンバーによる照会は、あくまでも従来行われている氏名・住所等による照会に「追加」されたに過ぎません。つまり、従来どおり氏名・住所等による照会は行われるので、マイナンバーが付番されていない預貯金口座であっても、氏名・住所等による照会は行われます。お客様の中には「マイナンバーを届け出なければ税務調査・資力調査の対象にならないのでは」と質問される方がいるかもしれませんが、その場合は「マイナンバーがなくても、従前どおり氏名・住所等による照会が行われます」と丁寧に説明し、理解を求める必要があります。

---

4 http://www.kantei.go.jp/jp/singi/it2/pd/dai13/siryou3.pdf

第3章 預貯金付番に伴う手続関連

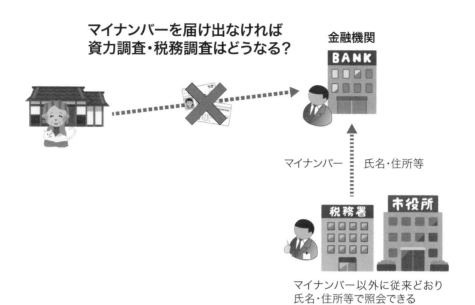

第2部 お客様からよくある問合せQ&A

Q3-5

投信口座でマイナンバーを届け出ている場合も、改めて預貯金口座に届け出る必要はありますか。

■投信口座で届出済みならば、再度届け出る必要はない

Q3-2で解説したように、全国銀行協会が預貯金口座付番に関する広報活動の一環として作成したリーフレット「マイナンバーの届出にご協力ください」に、以下のQ&Aが掲載されています。

Q5 すでに銀行にマイナンバーを届け出ているけど、改めて届け出る必要があるの？

A 投資信託などのお取引でマイナンバーを届出いただいたお客様であれば、改めてマイナンバーをお届けいただく必要はありません。

上記QAから、すでに投資信託口座等でマイナンバーを届け出ている場合は、そのままお客様の預貯金口座にも付番することができることとなります。しかも付番するに際して、お客様から同意を得る必要はないとされています。つまり、すでに投資信託等の取引でマイナンバーを届け出ているお客様の場合は、預貯金口座にも自動的に付番されることになります。

なお、お客様の中には、投資信託口座で登録している住所に変更があったり、氏名が変わっているケースがあると思います。その場合は、改めてマイナンバーの届出が必要になるので、注意してください。

Q3-6

海外送金のためすでにマイナンバーを届け出ている場合も、改めて提供する必要はありますか。

■2016年1月以降、海外送金にはマイナンバーの届出が必要

2016年1月のマイナンバー制度の開始に伴い、海外送金に関する法律「内国税の適正な課税の確保を図るための国外送金等に係る調書の提出等に関する法律」(国外送金等調書法) が改正され、マイナンバーの告知が義務化されました。具体的には、多くの金融機関が口座経由の国外送金のみ受け付けているので、その預貯金口座にマイナンバーを付番し、法定調書等に記入することが義務付けられました。

■海外送金で届出済みならば、再度届け出る必要はない

Q3-2で解説したように、全国銀行協会が預貯金口座付番に関する広報活動の一環として作成したリーフレット「マイナンバーの届出にご協力ください」に、以下のQ&Aが掲載されています。

Q5 すでに銀行にマイナンバーを届け出ているけど、改めて届け出る必要があるの？
A 投資信託などのお取引でマイナンバーを届出いただいたお客様であれば、改めてマイナンバーをお届けいただく必要はありません。

つまり、投資信託口座と同様に海外送金についても、対象となる預貯金口座に登録されているマイナンバーを預貯金付番に利用することは可能ですし、付番するに際して、お客様から同意を得る必要もありません。

　ただし、海外送金の場合、取扱方法が金融機関によって異なる可能性があるので注意する必要があります。他行に海外送金口座をお持ちのお客様から相談を受けた場合は、直接当該金融機関に問い合せることをお勧めしてください。

Q3-7
届出を行っていないのに、預貯金口座にマイナンバーが付番されているのはなぜですか。

■マイナンバーの届出を行わなくても預貯金口座に付番される

　Q3-2で説明したように、すでに投資信託口座等でマイナンバーを届け出ている場合は、そのまま預貯金の付番に利用することができます。ただし、預貯金の付番に利用するに当たって、各金融機関は利用目的に関する規程を変更し、それを公表・通知することが番号法で義務付けられています。なお、顧客に対する同意については、個人情報保護委員会のガイドラインQ&Aにより求める必要はないとされています。

> Q1-4　本人から個人番号の提供を受けるに当たり、利用目的について本人の同意を得る必要がありますか。
> A1-4　個人番号の利用目的については、本人の同意を得る必要はありません。
> https://www.ppc.go.jp/legal/policy/answer/

　おそらく多くの金融機関が預貯金付番に向けて、すでに利用目的の変更を終わらせていると思います。したがって、顧客の希望の有無にかかわらず、投資信託口座等で届出済みの口座に関しては、預貯金口座にマイナンバーが付番されることになると思います。

Q3-8 マイナンバーの登録住所によって支店が変更になることはありますか。

■ マイナンバーの届出と支店の住所はまったく関連しない

　お客様から「今の支店から遠く離れたところに転居した場合、マイナンバーの届出の関係上、新たな住所地に近い支店に変更する必要があるのですか」といった問合せがあるかもしれません。もちろん、そうした手続は必要ありません。マイナンバーの届出は、あくまでも預貯金口座にマイナンバーを紐付けすることが目的であり、支店の住所地とは直接関連するものではありません。

　Q2-2で説明したとおり、マイナンバーの届出には「本人確認」の手続が必要になります。具体的には、①届け出たマイナンバーが正しいかどうかを通知カードやマイナンバーカード等で確認する番号確認と、②届出を行った本人かどうかを免許証等の身分証で確認する身元確認を行う必要があります(なお、マイナンバーカードであれば、2つの手続を1枚のカードで行えます)。

　以上からわかるとおり、現住所を確認できる身分証等により「本人確認」ができれば、最寄りの支店に変更する等の手続は特に必要ありません。

■ 口座に登録されている住所が現住所と異なる場合は住所変更手続が必要

　なお、届出時に確認したところ口座に登録されている住所が身分証等に記載されている住所と異なるといったケースがあると思います。その場合は、お客様に口座の登録住所を変更する手続が必要になる場合があることを説明してください（**Q4-7**参照）。

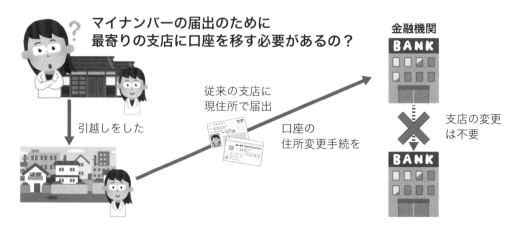

第4章

お客様から
寄せられる
その他の質問

第2部　お客様からよくある問合せQ&A

Q4-1

銀行口座の情報はすべて中身が筒抜けになるのですか。

■ 預貯金に付番されたマイナンバーの利用は厳しく制限されている

　お客様から「マイナンバーを銀行に伝えると税務署や他の金融機関の口座情報がすべて筒抜けになってしまうのでは」といった質問を受けることも少なくないと思います。その場合は、「預貯金に付番されたマイナンバーの利用目的については、番号法によって明確に規定されていますので、情報が筒抜けになることはありません」とお答えください。

　具体的にいうと、以下の目的のみで利用することとなり、それ以外の目的で利用することはできません。

　・預金保険機構等の名寄せに利用する場合
　・行政機関の資力調査や税務調査に利用する場合

　たとえば、届け出たマイナンバーを他の金融機関に知らせることはできませんし、マイナンバーに紐付いた口座情報を提供することもできません。もしそうした情報を提供すると厳しい罰則の対象になるので注意してください。

■ 預貯金への付番は任意であり、届け出なくても問題はない

　そもそも預貯金付番に伴うマイナンバーの届出は任意なので、希望しなければ届け出る必要はありません。また届け出ないことによるペナルティ等もまったくないので、「もしかして資力調査や税務調査の対象から外れるのでは？」と質問するお客様がいるかもしれません。残念ながら、そういうことにはなりません。マイナンバーを届け出ないからといって、従来行われてきた資力調査や税務調査の対象から外れるわけではなく、あくまでも効率化を図るためにマイナンバーを利用するということです。

■ 資力調査や税務調査での利用はあくまでも効率化のため

　ご存知のとおり、行政機関の資力調査や税務調査は、マイナンバー制度がスタートする前から実施されています。具体的には、氏名や住所等により口座状況を金融

148

第4章　お客様から寄せられるその他の質問

機関等に照会するわけですが、この照会は預貯金にマイナンバーが付番されても従来どおり行われます。

　したがって、たとえ「銀行口座の情報を税務署等の行政機関に知られたくない」と思ってマイナンバーを届け出なくても、行政機関は従来どおりのやり方で銀行口座の情報を調べることができるので、届け出ないことによるメリットは何もありません。

第2部　お客様からよくある問合せQ&A

Q4-2

金融機関へのマイナンバーの届出を拒否した場合どうなるのですか。

■ マイナンバーの届出は任意

　預貯金に対するマイナンバーの届出はお客様の任意です。したがって、金融機関から届出を依頼されても拒否することは可能です。

■ マイナンバーの届出が義務の手続もある

　一方、金融機関がかかわる取引の中には、以下のとおりマイナンバーの届出が必須となっている取引もあります。

- ・投資信託口座等の有価証券取引
- ・外国送金
- ・信託取引
- ・法人契約の定期預金　等

　これらの取引等の場合は、金融機関から税務署へ報告する書類にマイナンバーを記載することが番号法で義務付けられているので、マイナンバーの届出は必須事項です。たとえば、NISA口座については決められた期日（2015年12月31日までに開設したNISA口座以外の既存の投資信託口座は2018年末まで）までに必ずマイナンバーを届け出る必要があります。

■ 届出が義務の手続でも現時点では特に罰則はない

　なお、投資信託口座などマイナンバーの届出が義務付けられている取引でも、現時点では仮に届出を行わなくても罰則やペナルティ等はありません。ただし、新規に口座を開設する場合は、マイナンバーの届出が義務化されているので、届け出なければ開設することはできません。

　いずれにしても、法律に規定された「義務」なので、たとえ罰則がなくても、お客様には届出を行っていただくようお願いするべきです。

第4章　お客様から寄せられるその他の質問

Q4-3

認知症の親や入院中の親に代わって手続をすることはできますか。

■本人ができない場合は代理人でも手続ができる

お客様からの相談で、よくあるのが親の口座に関する質問です。たとえば、「認知症なのでマイナンバーの手続などとてもできない」「長期入院中なので、どうすれば良いのか」といった相談です。このように口座を所有する本人が動けない、あるいは手続ができないといった場合、どのような対応が可能でしょうか。

Q4-2でも説明したとおり、預貯金口座へのマイナンバーの届出は任意なので、相談事例のような状況の場合は届出を行わないというのも1つの方法です。ただ長期入院中の親から、ぜひともマイナンバーの届出を行ってほしいと依頼されるかもしれません。その場合は、口座を保有する親本人のマイナンバーの届出と「本人確認手続」（身元確認書類による身元確認と通知カード等による番号確認）が必要になります。

法の趣旨に則れば当然ですが、親の預金口座には親のマイナンバーを届け出る必要があるわけです。そのため番号法には、本人以外の方が代理人として手続を行うことができるという規定が盛り込まれています。

■任意代理人または成年後見人として手続ができる

マイナンバーの届出は、法定代理人または任意代理人が手続を行えるようになっています。こうすることで間違えたり見知らぬ他人が悪用したりできないようにしているのです。たとえば、親が認知症のため「成年後見人制度」の仕組みを利用している場合、「成年後見人」が法定代理人として親になり代わってマイナンバーの届出を行うことができます。

また、仮に成年後見人になっていなくても、「本人の委任状」があれば「任意代理人」として、親になり代っての届出の手続をすることができます。たとえば、親が長期入院中のため自ら手続をすることできない場合などが、それに当たります。こうした場合は、親に委任状を書いてもらうことで、子どもが任意代理人として手続を行うことができます。

151

■ 子や兄弟等が手続を行う場合は所定の書類が必要

代理人がマイナンバーの手続を行う場合、以下の書類が必要になります。

① 「代理権確認」のための書類
　・法定代理人　資格を証明する書類（成年後見人としての登記事項証明書等）
　・任意代理人　親が作成した委任状
② 親の番号確認が出来る書類（通知カード等）
③ 代理人の身元確認ができる身元確認書類（免許証等）

第4章　お客様から寄せられるその他の質問

Q4-4

住宅ローン等の借金もマイナンバーで管理するのですか。

■ 住宅ローンはマイナンバー制度の利用対象外

　マイナンバーは「税・社会保障・災害対策」の分野で利用されます。これ以外の分野でマイナンバーを使うことは民間でも国や自治体でも禁止されており、勝手に利用すると「法律違反」となり罰則が科せられます。

　ご案内の住宅ローンやカードローン等の借金ですが、これらは税金や社会保障の手続と直接関係はありません。また、今回新たにマイナンバー制度の対象になった預貯金も、あくまでも預貯金口座に関する付番であり、住宅ローンを対象とするものではありません。

　したがって、住宅ローンがマイナンバーと紐づくことはありませんし、住宅ローンやカードローンを利用したからといってマイナンバーを届け出る必要はもちろんありません。あくまでもマイナンバーと借金の情報は無関係です。

■ 金融機関が勝手に借金の管理にマイナンバーを使うのは法律違反

　もし銀行やローン会社がお客様にマイナンバーの提出を要求したらどうなるのでしょうか。

　前述したとおり、金融機関や融資を行うローン会社などが便利だからといってマイナンバーを利用して借入額等の管理を行うのは、目的外の利用にあたるので法律でかたく禁じられています。したがって、金融機関やローン会社などが勝手にマイナンバーを利用して借入額等の管理を行う可能性はまずありません。もし、こっそり利用したのが発覚すれば、その金融機関やローン会社が重い処罰の対象となるのは必至だからです。

■ クレジットカードもマイナンバーと紐付かない

　同様にクレジットカードもマイナンバーと紐付きません。クレジットカードはあくまでも購入（消費）と支払いの関係であり、税金や社会保障の手続とは関係がないからです。つまり、ある人の購入履歴とマイナンバーを紐付けるような行為も法律違反に当たり、重い罰則が科せられることになります。

　ただし、住宅ローンだけは将来的にマイナンバーと紐付く可能性があります。と

153

いうのも、一部マスコミが「2020年を目途にマイナポータルを使って年末調整の手続を行うことが検討されている」と報道しているからです。もしマイナポータルを使って年末調整の手続を行うことになれば、住宅ローンもマイナンバーと紐付けて管理することになるので、現在、紙で提出している借入金年末残高証明書を提出しなくて済むはずです。そうなれば住宅ローンを返済中の方はずいぶん便利になると思います。

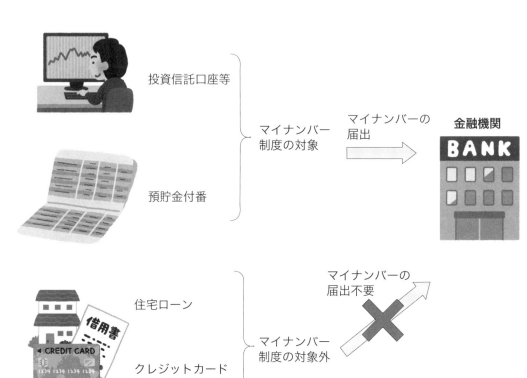

第4章　お客様から寄せられるその他の質問

Q4-5

銀行取引において何がマイナンバーの対象になるのですか。

■ マイナンバーの対象は大きく分けて２つ

2018年1月から始まる預貯金付番に伴い、ほとんどの銀行取引がマイナンバーの管理対象になります。

それらは大きく分けて、次の２つに分けられます。

① 金融商品の税務処理に伴う管理
② 預貯金付番に伴う管理

このうち①は2016年1月から管理対象になっており、マイナンバーの届出は必須です。一方、②は任意で届け出ない選択も可能です。以下、もう少し詳しくそれぞれについて説明しましょう。

お客さまにマイナンバー・法人番号の届出をお願いする主な取引

個人のお客様	法人のお客様
●預金（普通・定期・当座預金など） ●投資信託・公共債など証券取引全般 　（NISA口座・特定口座の開設も対象） ●外国送金（支払い・受け取り）など ●信託取引（金銭信託など） 　　　　　　　　　　　　　　など	●預金（普通・定期・当座預金など） ●投資信託・公共債など証券取引全般 ●外国送金（支払い・受け取り）など ●信託取引（金銭信託など） 　　　　　　　　　　　　　　など

出所：全国銀行協会　https://www.zenginkyo.or.jp/article/tag-f/8188/

■ 金融商品の税務処理での管理

①の税務処理に伴う管理が必要な金融商品には、以下のようなものがあります。

・投資信託口座等の有価証券取引
・外国送金
・信託取引
・法人契約の定期預金　等

第2部　お客様からよくある問合せQ&A

　これらの取引等の場合は、金融機関から税務署へ報告する書類にマイナンバーを記載することが義務付けられているため、マイナンバーの届出は必須事項です。たとえば、投資信託口座については決められた期日（2015年12月31日までに開設した既存の投資信託口座は2018年末まで）までに必ずマイナンバーを届け出る必要があります。

■ 預貯金付番での管理

　2018年1月から始まる預貯金への付番で管理の対象となるのは、以下のとおりです。なお、預貯金口座に対するマイナンバーの届出はあくまでも任意であり、届出を行わない選択も可能です。

・個人名義での普通・定期預金等
・法人名義での普通預金等

第4章　お客様から寄せられるその他の質問

Q4-6

マンションの管理組合の口座はどうなるのですか。

■管理組合口座の名義によって対応は異なる

　管理組合の場合、口座の名義によって対応が異なります。たとえば、管理組合の口座名義が理事長の場合は、理事長のマイナンバーを届け出ることになります。また、管理組合の口座名義が法人の場合は、法人番号が届出の対象になります。

　その際、管理組合が法人番号の指定を受けているかどうかが問題になります。たとえば、以下の場合は国税庁長官から「法人番号指定通知書」が送られてきていると思います。その場合は、その通知書に記載された法人番号を届け出ることになります。

　　・管理組合を設立登記している場合
　　・収益事業を行う等の理由で税務申告している場合

　一方、上記に該当しない場合は、法人番号が指定されていないので、そもそも法人番号を届け出ることはできません。したがって、口座名義が法人になっている管理組合のうち、当該法人が番号の指定を受けていない場合は届け出る必要はありません。

■あくまでもマイナンバー、法人番号の届出は任意

　なお、この場合もマイナンバー、法人番号の届出は任意なので、届出を行わない選択も可能です。たとえば、理事長個人の名義になっていると、理事長改選のたびに名義変更と合わせてマイナンバーの届出も必要になります。お客様には、こうした点も踏まえて届出を行うかを判断するよう説明しましょう。

157

第2部　お客様からよくある問合せQ&A

Q4-7

銀行に届けている住所と現住所が異なる場合の手続について。

■銀行に届け出ている住所と現住所が異なるケース

お客様の中には、「先般引っ越したけれど、まだ住所変更手続をしていない」といったお客様もいらっしゃると思います。いつもはキャッシュカードで取引をして、たまに通帳に記帳する。ほとんどの取引はこれで済ませているので、わざわざ住所変更手続をするのは煩わしいと思っている方も少なくないと思います。

確かに、今まではそれでも問題なかったと思います。しかし、預貯金口座への届出、あるいは投資信託口座の開設でマイナンバーを届け出ることになると問題が生じます。というのも、通知カードやマイナンバーカードには、住民票の住所が記載されているからです。

たとえば、通知カードが発行された時点ですでに引っ越している場合は、銀行に届け出ている住所と異なっているはずです。発行後に引っ越した場合も、通知カードやマイナンバーカードに裏書されている住所とは違っているはずです。こうした場合、銀行で住所変更の手続をする必要があるケースもあるので注意が必要です。

■届出住所が現住所と異なる場合は住所変更の手続が必要な場合も

銀行に届出している住所と住民票に記載されている住所が異なる場合、銀行で住所変更の手続が必要になる場合があります。たとえば、投資信託口座については、法令上最新の住所を届け出ることが義務付けられているので、もし通知カードやマイナンバーカードに記載されている住所と異なる場合は、銀行は住所変更手続を行う必要があります（詳しくは**第1部Q3-7**参照）。

また、預貯金口座へのマイナンバーの付番についても、法令により最新の住所を把握することが金融機関に求められています。したがって、投資信託口座と同様に預貯金付番についても、最新の住所を届け出ていただくようお客様に説明しましょう。

■住所を分けたい場合は連絡先として指定することも可能

お客様によっては、「金融機関からの各種書類等の送付先を現住所以外にしたい」という申し出があるかもしれません。この場合は、通知カード・マイナンバーカードの記載住所を口座の登録住所とし、書類送付先や連絡先などについては別途指定するといった対応をとるべきです。

第4章　お客様から寄せられるその他の質問

Q4-8

マイナンバーを届け出ると他の銀行に口座情報が伝わってしまうのではないでしょうか。

■ 法律で定められた範囲以外での第三者提供はできません

マイナンバーは番号法で定められた範囲外での第三者提供はできません。金融機関の場合、以下の事務手続のためだけにマイナンバーを提供することとなり、それ以外の相手や他の範囲で提供することは厳しく制限されています。

- ・金融商品取引に関わる支払調書等に顧客の個人番号を記載して税務署長に提出する場合
- ・預金保険機構等の名寄せに利用する場合
- ・行政機関の資力調査や税務調査に利用する場合

■ 預貯金及び金融商品取引で利用できる範囲も厳しく制限

上記のとおり、金融機関が顧客から届出を受けたマイナンバーの利用範囲は厳しく制限されています。そのため各金融機関では、マイナンバーの利用目的を公表することで、その範囲以外で利用することを自ら制御しています。

金融機関が公表する特定個人情報等の利用目的の例

当行は、お客さまの特定個人情報等を、以下の利用目的の達成に必要な範囲で利用いたします。（略）

「行政手続における特定の個人を識別するための番号の利用等に関する法律」の規定に基づき、当行は、特定個人情報等について、同法で認められた利用目的以外の目的のためには取得、利用もしくは第三者提供いたしません。

（特定個人情報等の利用目的）

① 金融商品取引に関する法定書類作成事務のため

② 生命保険契約等に関する法定書類作成事務のため

③ 損害保険契約等に関する法定書類作成事務のため

④ 信託取引に関する法定書類作成事務のため

⑤ 金地金等取引に関する法定書類作成事務のため

159

⑥　非課税貯蓄制度等の適用に関する事務のため
⑦　国外送金等取引に関する法定書類作成事務のため
⑧　その他法令に基づき作成する支払調書の作成事務のため
⑨　預貯金口座付番に関する事務のため

■届け出たマイナンバーや口座情報が他の金融機関に渡ることはない

　このように、すべての金融機関が利用目的をきちんと公表しているので、お客様が届け出たマイナンバーやそれに紐付く口座情報を他の金融機関に提供することはありません。仮にそうした行為を金融機関の職員が行うと、番号法の定める厳しい罰則の対象となるだけでなく、会社の存続すら危ぶまれる事態になりかねません。それだけに各金融機関では情報リテラシー等についても万全の対策を施しています。
　なお、他の金融機関への情報提供について、個人情報保護委員会のガイドラインは以下のとおり解説しています。

　同じ系列の会社間等での特定個人情報の移動であっても、別の法人である以上、「提供」に当たり、提供制限に従うこととなるため留意が必要である。たとえば、甲銀行と子会社である乙証券会社が同一の顧客と取引しており、その顧客から非公開情報の授受について書面による同意を得ている場合であっても、甲乙間で顧客の個人番号を提供又は共同利用してはならない。

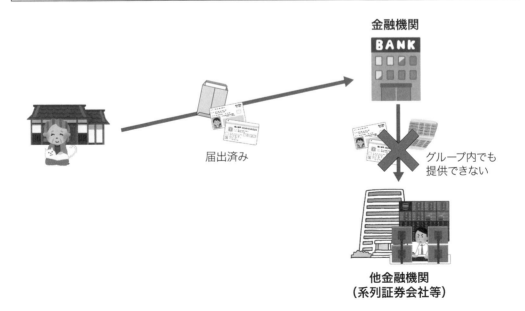

Q4-9 マイナンバーを届け出ると税務署に口座の明細まで把握されてしまうのでしょうか。

■付番されたマイナンバーを税務調査に利用

　従来の税務調査では、金融機関に対して対象者の氏名・住所等による照会が行われていました。具体的には、金融機関に質問を行ったり、関連する帳簿類等の提出を求めたりしてきましたが、今後は、そうした従来の方法に加えて預貯金口座に付番されたマイナンバーを税務調査に利用することになります。

　ただし、預貯金におけるマイナンバーの届出は任意なので、必ずしもすべての口座にマイナンバーが付番されるわけではありません。したがって、今後は従来の対象者の氏名・住所等による照会とマイナンバーを利用した照会の2つを併用することになります。

■今後はマイナンバーによる照会も行われる

　税務署からマイナンバーによる照会が入るということは、金融機関からすると、税務署からの照会に対応するためのシステム整備が必要になるということです。つまり、金融機関には、あらかじめマイナンバーによる顧客情報の検索を可能とするシステム改修を行う必要があるということです。

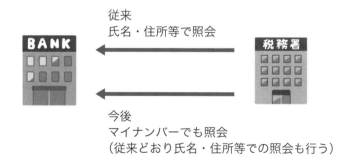

■マイナンバーを届け出なくても税務調査の対象になる

　前述したとおり、従来から行われている氏名・住所等での照会は今後も行われます。つまり、マイナンバーを届け出ていない口座だからといって税務調査の対象外になるわけではなく、届け出ていない口座の場合は、従来の氏名・住所等による照会は行われるのです。

Q4-10

マイナンバーを届け出ると他の銀行や税務署に資産残高を把握されてしまうのではないですか。

■マイナンバーの利用分野は法律で限定されている

Q4-7で説明したとおり、マイナンバーの利用範囲は法律で厳しく制限されています。金融機関おいても、届け出ていただいたマイナンバーを以下の利用目的以外で利用することはできません。

・金融商品取引に関わる支払調書等に顧客の個人番号を記載して税務署長に提出する場合
・預金保険機構等の名寄せに利用する場合
・行政機関の資力調査や税務調査に利用する場合

■マイナンバーを利用して他の銀行が資産把握を行うことはできない

マイナンバーやマイナンバーに紐付いた情報を他の金融機関に提供することは、目的外の第三者提供に当たります。つまり、こうした行為は違反行為であり、番号法によって厳しく罰せられます。したがって、金融機関がマイナンバーを利用して他の金融機関に口座情報や資産情報を提供することはありえないし、他の銀行がお客様の資産を把握することも、もちろんありません。

■預貯金付番の目的の1つは税務調査の効率化

2018年1月から預貯金への付番がスタートすることで、税務署は金融機関に対してマイナンバーによる照会が可能になります。それはマイナンバーを利用することによって、税務調査の効率化と正確性を強化するのが目的です。

一方、口座所有者にとって何らかのメリットがあるかというと、少なくとも従来から行っている氏名・住所等での照会は引き続き行われるので、届け出ないことによるメリットはありません。つまり、届け出ないことによるメリットも、デメリットも、どちらもないということです。

●著者略歴

梅屋真一郎（うめや・しんいちろう）
野村総合研究所未来創発センター制度戦略研究室長

東京大学工学部卒業。同大学院工学系研究科履修。野村総合研究所では、長年、金融機関を顧客とし、金融制度変更が及ぼす影響に関する調査・分析を担当。2013年より現職。番号制度に関しては、企業実務の視点に立った影響度分析や業務手順案の作成等をテーマに、関係省庁や関連団体等との共同検討を多数実施。マイナンバー法（番号法）成立以来、標準業務手順案や留意点等、制度運営に関わる実務情報を民間サイドから発信し続けている。『人事・総務のためのマイナンバー制度』（労務行政、2014年）、『マイナンバー制度で企業実務はこう変わる』（中央経済社、2014年）、『これだけは知っておきたいマイナンバーQ&A』（銀行研修社、2015年）、『10のステップで理解する！企業のためのマイナンバー実務』（ぎょうせい、2015年）、『マイナンバー制度の設計にたずさわったコンサルタントが書いた　知っておくと絶対損しない！マイナンバー』（ダイヤモンド社、2016年）等、関連図書多数。

預貯金へのマイナンバー付番 Q&A
～知っておきたい基礎から問合せ対応まで～

2017年11月1日発行　初版第1刷発行

| 著　　者 | **梅 屋 真一郎** |
| 発 行 者 | **酒 井 敬 男** |

発 行 所　　**株式会社ビジネス教育出版社**

〒102-0074　東京都千代田区九段南4-7-13
TEL 03 (3221) 5361 (代表) ／ FAX 03 (3222) 7878
E-mail▶info@bks.co.jp　URL▶http://www.bks.co.jp

印刷・製本／シナノ印刷㈱　　装丁／㈱クラップス
落丁・乱丁はお取り替えします。

ISBM978-4-8283-0683-4

```
本書のコピー、スキャン、デジタル化等の無断複写は、著作権法
上での例外を除き禁じられています。購入者以外の第三者による
本書のいかなる電子複製も一切認められておりません。
```